中核集团
CNNC

U0872233

中核集团2022年度“一支部一品牌”案例汇编

中国核工业集团有限公司党组 编著

中国原子能出版社

图书在版编目（CIP）数据

中核集团 2022 年度“一支部一品牌”案例汇编 / 中国核工业集团有限公司党组编著 . — 北京 : 中国原子能出版社 , 2023.1（2024.8重印）

ISBN 978-7-5221-1575-7

Ⅰ . ①中… Ⅱ . ①中… Ⅲ . ①中国共产党—原子能工业—工业企业—党支部—工作—案例— 2022 Ⅳ . ① D267.1

中国国家版本馆 CIP 数据核字 (2023) 第 020452 号

中核集团 2022 年度“一支部一品牌”案例汇编

出版发行 中国原子能出版社（北京市海淀区阜成路 43 号 100048）
责任编辑 蒋焱兰　郭文传
责任校对 冯莲凤
责任印制 赵　明
印　　刷 北京厚诚则铭印刷科技有限公司
开　　本 710mm × 1000mm 1/16
印　　张 13
字　　数 172 千字
版　　次 2023 年 1 月第 1 版　　2024 年 8 月第 2 次印刷
定　　价 52.00 元
书　　号 ISBN 978-7-5221-1575-7

发行电话：010-68452845

contents
目 录

“三聚焦”创建“快堆青年近卫军”

中核霞浦核电有限公司运行处党总支

一、品牌建立背景

中核霞浦核电有限公司运行处28周岁以下的团员青年占处室员工总人数的80％以上，是一支充满活力的年轻队伍，运行处党总支充分认识青年在快堆示范工程建设中的重要作用，重引导、强教育、搭平台，着力培养一支专业基础扎实、操作技能过硬、能力素质突出、工作作风优良的快堆运行队伍，引导运行青年积极投身强核强国的使命征程。

二、品牌内涵

运行处党总支以打造“快堆青年近卫军”为目标，聚焦影响青年员工发展的难题，坚持做好“引路人、知心人、暖心人”，不断提升广大青年员工的政治意识、能力素养和责任担当，为后续示范快堆运行打下坚实基础。

三、主要做法及成效

（一）聚焦政治引领，激发青年奋斗激情

推动开展青年共学，组织青年参与支部“三会一课”、主题党日活动，推动习近平总书记对核工业和中核集团的重要指示批示精神在青年心中落地生根。建立青年员工关爱责任田，党总支书记、副书记，处室负责人以及科值长走进一线，重点关注思想常波动、生活有困难、工作易拖沓的青年员工，通过定期开展座谈交流、员工思想动态调研，实时把握青年员工的工作、学习、生活情况，坚持“一人一策”，注重政治引领，开展“爱心捐赠、爱心慰问、爱心辅导”等活动，确保每一名青年员工不掉队、不脱节。推荐优秀青年员工参加公司青马工程学习小组，撰写党的理论研究文章，在公司团委“青年面对面”平台进行宣讲，青年员工的政治意识显著增强。

（二）聚焦能力提升，增强青年干事本领

运行处党总支针对首批预备操纵员培训期间青年员工多、地域分布广等特点，创建以临时运行值为纵向组织、以学员班级为横向抓手的“网格化”管理模式，充分发挥科值、班级的自主运作管理，根据青年

员工培训成绩、工作能力、兴趣爱好等情况，建立“先带后、强带弱、老带新”的结对互学帮扶机制，圆满完成了首操7万余天·人的培训任务。搭建“青苗－青才－青干”培训体系，聚焦青年能力提升，开展“TOP10”工作承诺、“揭榜挂帅”、“末位淘汰”活动，在实践中增强知识储备。所属党支部创新“青年大讲堂”“凌晨三点论坛”等学习方式，抓住一切机会和时间空隙，引导青年员工走上讲台、走到机组中间讲授课程。创办处室内刊《快堆运行人》，宣传身边优秀人物事迹，形成“考操路上”“快堆赤子”等品牌栏目，增强了青年员工责任感和使命感，提升了“快堆青年近卫军”品牌价值。

工程现场开展“青年大讲堂”

（三）聚焦攻坚克难，发挥青年先锋作用

坚持将党员突击队和攻关小组建在急难险重一线。面对运行规程编制难题，成立“运行规程编制”党员突击队，带头制定 14 份规程编制规范和细则，建立规程分级审查机制，历时 4 年完成 2502 份运行文件编制工作，节省文件外包编制支出上千万。面对首批操纵员备考时间紧、任务重、备考难度大等困难，组织青年骨干成立“取照复习”青年突击队，采取“全覆盖 + 抓重点”的备考策略，利用“每日一练”“专项复习”“骨干领学”等手段，带动 65 人顺利通过 CFR600 取照考试。面对机组调试难题，迅速组织 50 余名青年员工成立服务队，冲锋在急难险重工作最前线，组织青年利用倒班休息时间对相关厂房进行清洁，为移交接产奠定坚实基础。针对“四边工程”实际，鼓励所属党支部牵头解决快堆运行技术难题，成立多个攻关小组，全面开展快堆运行关键技术研究，解决了钠泵运行、直流蒸汽发生器运行、冷阱运行等二十余项技术难题。

运行处党总支将党建工作融入处室中心工作，精心谋划、细致安排，引导广大青年用实际行动诠释“召之即来，来之能战，战之必胜”的“快堆青年近卫军”品格，为快堆机组后续安全稳定运行奠定扎实基础。

“五全五化”推进支部党建业务人才融合发展

福清核电有限公司维修二处党总支

一、品牌建立背景

福清核电维修二处肩负着保障福清核电3、4号机组安全稳定运行的重要使命。维修二处党总支坚持“安全发展、创新发展”这一根本要求，通过“五全”管理模式发挥党建引领保障作用，通过“五化”关键举措打造支部坚强战斗堡垒，着力解决管理一流与人才队伍成长之间的发展问题，以“五全五化”促进支部党建、业务、人才融合发展。

二、品牌内涵

维修二处党总支基于霍尔三维模型，改进组织管理思路、优化组织管理模式、强化组织管理效能，处理好党建引领、业务发展和员工成长关系，构建以全口径计划管理、党建管理系统化等“五全管理、五化融合”为主要内容的“五全五化”工作模式，建设党建标准化体系，创立基层党建品牌，一体推进支部党建、业务、人才融合发展，实现党建与业务双丰收、个人与组织双发展。

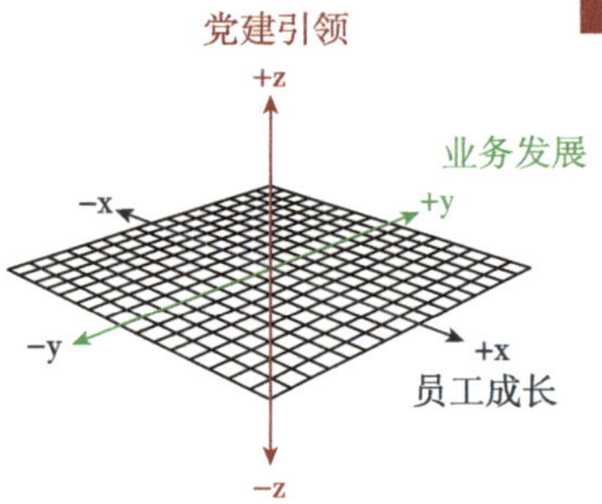

基于霍尔结构模型改进的“五全五化”党建品牌内涵示意

阐释**党建引领、业务发展、员工成长**三者关系：

强化党建引领，通过加强基层党组织建设，统一思想、凝聚员工，协调调动员工积极性和创造性，进一步促进处室中心工作协调正向发展，并稳固建立起一支政治鲜明、业务卓著、员工成才的维修发展构架，实现党建与业务双丰收，个人与组织双发展，助力公司高质量发展和幸福福核建设。

“五全五化”工作模式图

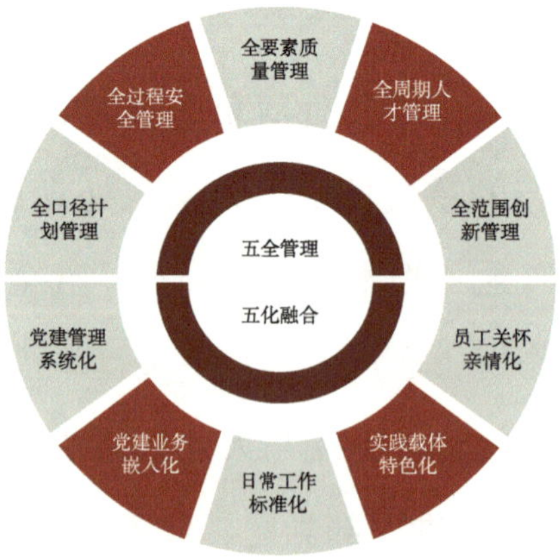

“五全五化”工作模式架构

三、主要做法及成效

（一）坚持“五全”管理赋能，为支部党建、业务、人才融合发展提质增效

坚持全口径计划管理。党建和业务工作统一纳入计划平台，闭环跟踪每周通报，构建完备计划管控链条，推动党建业务同谋划同部署同推进同考核；开展“测分改”迭代，监控绩效水平，强化党建引领，抓实计划龙头作用。坚持全过程安全管理。开展管理层进项目、管理人员进班组、党员联系班组活动，发挥管理人员示范引领、党员先锋模范作用，强化现场作业规范，守护核安全；建立大修党员“岗区队”及亮灯评价机制，促进“急难险重”工作安全开展；落实“四个安全”，建立“3+2+1”安全管控机制，夯实三级安全网格化监督。坚持全要素质量管理。围绕“5M1E”建立起“质量精、流程优、效率高、成本低”核电维修质量管理体系；开发设备维修质量分评价系统，量化绩效指标，实现看板式管理，促进员工履职担当；开展TOP10缺陷高职级督办、党员维护设备、维修三人小组“快速维修队”，构建领导率先垂范、党员模范带头、专业协同推进的维修工作新格局，以维修有效性持续提升核电设备可靠性。坚持全周期人才管理。构建覆盖全员的职业发展路径图，为员工发展明确阶段目标，并每半年全员评价、纠偏改进；建立思想导师、技能导师、青年导师的“1+3导师制”，全方位保障每个新员工快速成长成才；试点“驻班专工”，拓宽班组长发展通道；开展自主能力建设，选拔“专业带头人”“技能达人”，培育“三懂四会五过硬”复合型人才，激发人才成长内生动力。坚持全范围创新管理。发布创新

管理导则，组织“一线吹哨、党员报到”现场紧急抢修和攻关，围绕机组热点，落实揭榜挂帅，开展共性科研，推动项目孵化、科技成果转化，解决“卡脖子”，攻克“黑匣子”，构建创新管理“四有”新局面，厚植创新价值观。

（二）坚持“五化”党建领航，为支部党建、业务、人才融合发展定盘压舱

坚持党建管理系统化。加强党建引领，发布党建大纲，建立党建标准化建设体系、维修廉洁风控体系；推进“学习理论小组”机制、支部书记讲党课、核安全宣贯，提升政治素养；推行党建质量管理与量化考评，统筹抓实国企改革三年行动、党委巡察整改落实。坚持党建业务嵌入化。建立党政工作例会制，坚持每季度分析党建、业务绩效水平并改进提升；与商务、信息、监督部门积极推进党建共建，解决现场困难、共筑安全防护网；牵头维修班组能力建设，统筹人才激励和荣誉管理；推行“党建＋业务”效能监督，运用“第一种形态”促进业务效能提升，实现党建、业务同频共振。坚持日常工作标准化。开展微党课、微学习、微分享、微测试、微课堂的“五微”教育和党史知识竞赛、参观红色景点、开展红色观影、讲授专题党课等“四个一”主题党日，促进党性教育规范化；建立党员管理台账、细化流程管控，编制支部标准化手册和工作模板表单，规范“三会一课”流程，促进组织工作标准化、专业化。坚持实践载体特色化。牵头领域“维修铁军”党建联建品牌建设，创立“五型工会”“五彩青年”团队品牌；创建《匠心》《维青荟》期刊、微信、抖音新媒体宣传矩阵，铸就维二“IP”，打造宣传大协同格局。坚持员工关怀亲情化。定期开展员工慰问、座谈和联欢会，开设新员工第一堂课，送上党员政治生日和员工生日祝福，营造“快乐工作、幸福生活”氛围；组建篮球、羽毛球等小分队并授牌，丰富业余生活，促进员工健康发展；举办家属趣味运动会、现场开放日活动，建立员工家属情感纽带；组织承包商座谈、送清凉，凝聚组织合力；成立“点滴服务队”，开展敬老、助医等志愿活动，彰显央企青年社会担当；常态化开展迎峰度夏金点子、员工思想调查，落实“五必谈 / 五必访”，打造处室“维暖”家文化。

维修二处党总支的“五全五化”工作模式，坚持党建引领为高质量发展注入聚合剂，助力业务精进为高质量发展注入强心剂，引导员工成才为高质量发展注入催化剂，探索了一条支部党建、业务、人才融合发展的新路径。

建强三大阵地打造“三维一体”维修铁军

中核核电运行管理有限公司维修三处党总支部

一、品牌建立背景

中核核电运行管理有限公司维修三处主要负责秦二厂1、2号机组及部分公共系统设备的日常运维及大小修工作。近年来，维修三处党总支深入贯彻落实新时代党的建设总要求，聚焦“理论思想学习不深入”“人才培养机制不全面”“重难点工作统筹推进不够”等突出问题，不断加强“思想教育”“技能提升”“创新实践”三大阵地建设，积极创建“三维一体”维修铁军党建品牌，为核电机组安全稳定运行提供了坚强保障。

"三维一体"党建特色品牌

二、品牌内涵

"三维一体"即维修三处全体员工与安全生产融为一体，以高质量建设思想教育阵地（Ideology)、技能提升阵地（Skill）、创新实践阵地（Practice）为抓手，踔厉打造维修铁军，充分发挥党支部战斗堡垒作用和党员先锋模范作用，确保机组安全稳定运行。

三、主要做法及成效

（一）建强思想教育阵地，为维修铁军"凝心铸魂"

一是建立班组联系人制度推动思想教育"入脑"。为扩大思想教育覆盖面，党总支在全处室 22 个班组均设置了党员联系人，利用班组早会第一时间学习宣贯党中央、中核集团最新精神，将思想教育的触角延伸至处室每一位员工，用党的创新理论和集团最新精神武装每一位员工。二是丰富教育形式推动思想教育“走心”。为解决思想教育形式单一、员工参与积极性不高等问题，党总支在活动策划上狠下功夫，通过精心调研和组织策划，把思想教育与员工群众喜闻乐见的活动形式结合起来，如开展红歌大合唱、“学悟党史”主题分享、《决议》夜学等系列特色活动，使思想教育更加“走心”，有效提升了广大党员群众的参与积极性。三是加强先进典型宣传不断提升处室凝聚力。党总支成立宣传工作小组，每年聚焦处室重点工作任务制定专项宣传计划，加强宣传策划、实施、总结、反馈，形成闭环管理。通过精心策划实施秦二厂1号机组商运20周年、学悟党史、215精细化大修等专题宣传活动，在处室内营造了良好干事创业氛围，有效提升了员工队伍凝聚力和战斗力。

（二）建强技能提升阵地，为维修铁军“强筋健骨”

一是健全人才培养体系规划。党总支编制了《维修三处员工人才培养规划》，规范了处室人才培养体系，建立“新入职员工——维修负责人——维修骨干——维修专家”全过程培养通道。二是不断完善“导师带徒”机制。党总支牵头制定“青蓝计划”，每年滚动培养入职3年内的年轻员工。每周制定培养计划，科室加强实施监督，处室进行严格评审考核，近两年有16对师徒荣获公司“优秀师徒”，1对师徒荣获浙江省部属企事业“名师高徒”。三是引领创建学习型组织。党总支通过开设“三维工匠小课堂”，组织员工对日常重大缺陷处理、现场技术问题、技艺绝活、经验反馈等进行不定期分享，搭建技术经验分享与交流平台，有效提升了一线员工的维修技能。四是不断完善QC小组成果孵化机制。通过QC小组成员以老带新，以解决现场问题为导向，不断提高员工分析解决问题的能力，连续两年斩获国际QC成果铂金奖，多项QC成果荣获国家级/省部级荣誉。

（三）建强创新实践阵地，让维修铁军“立威扬名”

一是聚焦大修急难险重项目开展党员攻关。在近两次大修中，党总支组建18支党员突击队和96个党员攻关项目，主动承担起应急柴油机二十年检、棒电源机组解体检查等70余项急难险重任务，为秦二厂1号机组首次实现“30”大修目标、2号机组取得创国内M310机组B类大修最佳工期25天记录作出突出贡献。二是聚焦重要系统和重点缺陷开展“减非停”。每年由党员骨干牵头成立专项小组，集中力量对安全相关重要系统、缺陷率TOP10系统进行整治，深入分析缺陷根本原因，对症编制可靠性提升方案，年缺陷率平均下降约12%，助力2号机组荣获中国核电2021年度ASP“金牌机组”。三是聚焦重点项目开展核心检修能力建设。近几年通过组织技术骨干开展M100D型主泵及电机检修、500kV GIS全面检修（中国核电揭榜项目）等数十项核心检修能力的建设开发，锻造出一批掌握核心技术的高技能人才，培养全国技术能手1名，2人获全国行业职业技能竞赛第一名。四是聚焦公司重点工程开展劳动竞赛。由党总支委员牵头推进核能供暖、智慧水务等重点工程，组织党员干部和员工围绕工程主线开展劳动竞赛。2021年克服高温、台风、暴雨、疫情等诸多不利因素，顺利完成核能供暖相关工程任务，保障了年底按计划供暖，较好展示了“维修铁军”的良好形象。

党员突击队开展应急柴油机机带水泵抢修

秦山核电维修三处党总支通过持续打造“三维一体”党建特色品牌，以高质量党建引领保障维修质量持续提升，秦二厂1、2号机组连续四年未发生非计划停机停堆事件，WANO综合指数双机组连续两年满分，2号机组荣获中国核电2021年度ASP（安全生产管理平台）“金牌机组”；党总支连续三年获评公司“五星党支部”，光荣获评“中核集团2020—2021年度标准化建设示范党支部”，实现了党建与业务深融合、互促进、双丰收。

“四化三优”锻造“金扳手”团队

江苏核电有限公司维修三处党支部

一、品牌建立背景

江苏核电维修三处是一个以年轻员工为主的新处室，工作5年及以下的员工占比58%，主要负责田湾核电基地5、6号机组的设备维修工作。为增强处室人员安全质量意识，提升维修管理和人员技能水平，维修三处党支部着力建立“四化三优”党建融入中心工作机制，打造“金扳手”特色品牌，营造人人争做“金扳手”的良好氛围。

二、品牌内涵

“四化”党支部党建工作机制：“政治建设标准化”“组织建设标准化”“组织生活标准化”“党员教育管理标准化”。

“三优”党建融入中心工作思路：争创“党建 +”优秀成果、引领处室人才全优发展、助推各项业务工作优质开展。

“四化三优”模式图

三、主要做法及成效

（一）以“四化”建设打造基层党组织战斗堡垒，筑牢党建根基

维修三处党支部通过开展工作闭环管理、创新积分卡工具、划分联络“责任田”等三个抓手，推进“四化”工作机制在支部内落实落地。

完善支部党建工作 PDCA 工作闭环管理体系，压实任务落实责任。支部将党支部标准化建设手册中的所有内容、党建工作考核评价指标中的所有要求、上级党组织部署的专项工作、整改行动计划以及党员大会 / 支委会议定事项均列入支部工作计划中，构建计划管控体系，专人负责，定期跟踪、动态调整、闭环管理，支部各项基础工作台账实时更新，确保支部基础工作 100 % 达标、上级党组织专项部署任务工作 100 % 完成。

创新设立党员先锋指数及党员积分卡，激励党员发挥示范引领作用。为客观评价党员先锋作用发挥情况，支部创新实施党员积分量化考核，根据各科室的工作特点，持续完善积分卡的评定标准，将党员业务工作绩效得分纳入党员建功立业积分卡中，每月评定出党员得分，建立及更新党员积分台账。将党员积分卡的年度累计积分与民主评议党员相结合，使评议结果更加客观公正，有力地激发了党员带头学习和建功立业的热情。

划分支委和处科级党员干部对口联络班组“责任田”，服务群众解难题。支部为党员干部划分“责任田”，对口联络覆盖处室全部班组，每季度至少一次到对口班组进行座谈调研，了解员工的思想动态和合理诉求，协调解决员工在工作和生活中遇到的问题及困难，征求对支部和处室的意见建议并及时组织研究落实。

（二）以“三优”思路推进党建融入中心工作，深化价值党建

支部以争创“党建 +”优秀成果为目标，以党建引领处室人才全优发展为支撑，通过党建融入中心助推处室各项业务工作优质开展。

开展“党建 + 卓越大修”专项工作。针对大修专项工作，联合参战的协作单位、兄弟处室共同成立党员联建责任区，明确机构、职责及工作目标，发挥党组织战斗堡垒作用和党员先锋模范作用，对大修专项工作的安全、质量、进度负责。

支部安排党员牵头对重点协作单位人员进行结对帮扶，深入一线，从安全管理、质量管理、计划管理、技术交底以及人员进场、疫情防控等方面对其进行一对一的帮助及指导，提升其管理水平及安全质量业绩。与 OT501 首次大修相比，维修三处管理的协作单位在 OT601 大修中的安全质量问题总数量下降了 35%，重点帮扶的东汽公司问题总数量下降了 67%。

通过“党建 + 大修”工作开展，联系重点协作单位在大修等“急难险重”任务中建立联合党员先锋突击队，推动重点工作优质高效完成。实现 5 号机组提前商运 114 天，6 号机组提前商运 151 天，5、6 号机组首循环“零非停”，OT501、OT601 大修先后刷新国内同类型机组最优工期记录。

党员突击队员积极承担汽轮发电机组大修任务

开展“党建+人才培养”专项工作。支部策划建立了维修管理科与专业科室之间人员轮岗交流制度，培养既懂技术又会管理的复合型人才；打破专业壁垒，实现业务相近班组（高压与电机、低压与继保、容器与堆本体、水泵与辅机）之间人员互学、业务互通，培养“一专多能”型维修工匠。建立新员工职业生涯规划和知识技能培养“双导师”模式，依托“傅建军技能大师工作室”开展业务讲堂及技能比武，加快维修人员成长成才，锻造技能过硬的“金扳手”团队。近三年以来，共培养了高级技师6人、技师19人、高级工程师6人、工程师31人（其中“双师”型人才21人），被纳入省部级人才库1人、地市级人才库1人，获得集团公司“金牌青年突击队”等省部级以上荣誉奖项12项、各类专利授权24项。

维修三处党支部将坚持开拓创新，继续深化“四化三优”“金扳手”党支部特色品牌，全力打造一支关键时刻站得出来、重要关头豁得出去的高素质党员队伍，确保核电机组安全稳定高效运行，以实际行动贯彻落实党的二十大精神。

“两强两优”为安全运行保驾护航

三门核电有限公司运行四值党支部

一、品牌建立背景

三门核电运行四值党支部承担着核电厂系统运行、技术规程开发、设备操作、运行监督等重要职责，支部坚持党的建设与生产运行中心工作深度融合，聚焦公司“四最一优”（“最少的组织机构人数、最少的生产外委项目、最少的库存、最低的运行成本、最优的大修工期”）管理期望，以“保安全、减非停”为目标，从思想上、技能上、行动上找准工作发力点，打造“两强两优”支部特色品牌，为机组的安全稳定运行保驾护航。

二、品牌内涵

运行四值党支部以核电机组安全生产运行为中心，以“保安全、减非停”为目标，聚焦政治理论、业务技能、榜样示范，从思想上、技能上、行动上激发党组织和党员内生动力，全力打造“两强两优”党支部（“政治本领强，技能水平强”“争做优秀党员，争创优秀支部”），推进支部标准化建设迈上新台阶，助力三门核电机组安全稳定运行。

三、主要做法及成效

（一）抓政治理论提升，汲取红色营养

党支部突出政治引领，充分发挥“三会一课”“主题党日”制度的政治学习功能，组织全体党员深入学习习近平新时代中国特色社会主义思想、定期上党课、经常读党史，持续提升支部党员的政治理论水平。以“课堂学习+实践学习”的方式，将理论知识与红色教育相结合，开展“学党史”“重温入党誓词”“重走长征路”等活动，促进支部党员对党的理论的深刻理解，进一步坚定了党员同志的信仰与信念。组织“党课每月讲”活动，支部书记和党员干部带头讲党课，让全体党员都走上理论学习的讲台，以讲促学，提高自身理论水平，做好党的理论的“宣讲员”。拓展党员学习渠道，建立支部读书角，组织党员撰写读书心得体会，在支部的年度读书分享会上进行交流，谈体会、谈收获，使党员做到学思用贯通、知信行统一。

联学联做推进现场疑难杂症问题处理

（二）抓业务技能提升，锤炼红色力量

运行四值党支部坚持党的建设服务生产经营不偏离，以“减非停、保安全”为目标，结合核电机组系统运行、设备操作、性能试验等生产运行重点任务，建立业务技能定期交流机制，在机组每一大轮班期间开展一次“人员绩效改进讨论会”，查摆不足，提出改进措施并加以落实。建立定期联学联做工作机制，针对核电机组运行过程中的疑难杂症，与维修、设备、技术支持等领域党组织开展联学联做活动，共同研讨推进难点问题的攻关和解决，助力支部党员在“一专多能”上快速成长。开

展“师带徒”帮扶，针对运行操作重点领域、重点项目，经验丰富老同志“1 对 1”结对帮扶新同志，从思想上、业务技能上、工作方法上有针对地进行指导，有效促进了优秀业务技能的传承和青年同志的成长。用好内外部资源，组织党员同志积极参与各类技能竞赛活动，如值班员、操纵员技能比武等，以赛促练，全面提升党员同志的技能水平，有效保证机组安全稳定运行。

（三）抓示范带头作用，树立红色榜样

运行四值党支部以“争做优秀党员，争创优秀支部”为目标，以党员突击队为载体，结合中心工作，成立“大修支援突击队”“零人因失误党员突击队”“T202 T103 大修运行记录提升党员突击队”，引导激励党员在急难险重任务中主动担当，做到“精心准备，精细执行”，安全高效的完成机组上下行过程中的关键操作，采用党员与群众结队的方式，及时审查和纠正不规范的记录，有效提升了大修运行记录质量。开展“我是一块砖”主题活动，为机组提供随叫随到的工作支援，将党员先锋模范作用深度融入机组生产运行工作中。坚持先进典型选树，针对部门业务重点工作，深入开展“党旗飘扬，一线模范”、身边人讲身边事等活动，发掘优秀党员事迹，用榜样力量带动全体党员干事创业的精气神。三门核电 1 号机组并网期间，张岐月同志坚守在岗位连续工作 26 个小时；吴健同志立足岗位、不畏艰难、勇于创新，自主编制 VWS 系统故障的异常运行规程，成果消除了重要系统的程序盲点；谢治鹏、邱三人同志面对高温蒸汽泄漏，顶着高温，快速隔离泄漏点，稳定了机组瞬态。

通过强化政治理论、业务技能提升和示范带头作用，运行四值党支部“两强两优”支部品牌建设的成果逐渐突显，党组织的红色营养不断丰富、红色力量不断增强、红色榜样不断传承，形成了“党建引领强组织、典型带动促争先”良好工作氛围，为助力公司高质量发展注入了“红色动能”。

“三创三力”勇当科研先锋

核工业理化工程研究院三所301研究室党支部

一、品牌建立背景

核理化院第三研究所长期以来承担着国家重点科研任务，301研究室作为核心技术关键攻关团队，肩负着攻艰克难、同心保障使命任务。三所301研究室党支部始终以科研攻关为己任，坚持以党建红色引擎点燃科研创新热情，通过构建“三创三力”工作体系，擦亮“科研先锋”党建品牌，树起“勇担国任、勇立潮头、勇毅前行”的鲜红旗帜，充分发挥“特别能吃苦、特别能战斗、特别能奉献”的铁军精神，为保障国家重点科研任务有序推进提供核心动力。

二、品牌内涵

“科研先锋”是传承“两弹一星”精神，弘扬“许党报国、厚德至诚、温蕴谦恭、精微致远”的承书风范，发扬“严谨求真、严细求实、严正求新”科研理念的具体实践。301研究室党支部结合自身作为核心技术攻关团队的特点，通过创新教育手段、创新组织生活、创新党建载体，凝聚科研人员“向心力”，提升基层“组织力”，激活科技“驱动力”，为关键核心技术攻关装上“红色引擎”，加快推动高水平科技自立自强。

三、主要做法及成效

（一）创新教育手段，凝聚党员“向心力”

党支部紧密结合党员所在岗位知识面要求高、跨专业多的特点，打造“大拿指方向、首席画蓝图、骨干论实践、青年露锋芒”四个层次党员教育培训体系，针对性提升不同岗位党员履职能力。开展“精神朗读者”，支部抓住“三会一课”集中学习研讨契机，组织定期轮流朗读习近平总书记系列讲话精神，形成了4篇高水平科研论文成果。开设“足迹课堂”，组织党员前往平津战役纪念馆、周恩来邓颖超纪念馆等实地参观学习，以实践教育激发党员科技报国的热情。设立“党务政务公开墙”，及时将国家大政方针、时事热点、形势政策等“上墙”，以活泼互动的参与形式，将党务政务公开做到党员群众的心里，不做看客做主人。化“低头一族”为“学在掌心”，有策略占领微信阵地，形成“学

‘习’进行时”“科研前线兴趣小组”等学习圈，利用碎片时间，针对不同年龄、兴趣的党员群体，推送不同特点的学习材料，发起热烈讨论。构建支部“党员结队”学习监督负责制，健全党员形势任务教育、员工思想动态分析、党员监督管理、青年创新创效等四项保障机制，形成“交流－学习－成长”的良性循环。

（二）创新组织生活，提升基层“组织力”

党支部坚持立足于小、着眼于准、服务科研，从影响基层党建工作和“卡脖子”突出问题入手选题攻关，探索“党员履责承诺”工作法，让每名党员在学习、安全、保密、创新、形象五个方面承诺践诺，形成了科学立诺、公开示诺、扎实践诺和评星表彰“三诺一评”机制，在党员中形成头雁和火车头的效应。聚焦科研任务“决战决胜”的关键时刻，开展“亮党员身份，晒履责清单”“党员科技攻关体检”等主题党日活动，梳理党员履职尽责不到位的问题，并列出限时整改措施；整理科技攻关案例库，党支部牵头收集科技攻关案例和实验数据，共享到知识库，便于全室工程师快速查找相关的问题线索和解决思路。针对某项重点科研任务，集中党员队伍优势力量，组建党员突击队，评选“最美301室人”“党员先锋岗”“五小成果”，选树身边榜样，青年岗位工作热情明显提升，青年骨干不断涌现。多年来，301室党支部秉承着“首战用我，用我必胜”的思想，圆满完成国家重大科研任务。

（三）创新党建载体，激活科技“驱动力”

党支部始终围绕关键核心技术攻关开展“党组织引领行动、党员创新工程”，明确党支部抓引领、党员全力抓攻关、技术骨干积极参与的操作步骤，引导党员以补足自身技能或业务短板为目标，制定创新性、

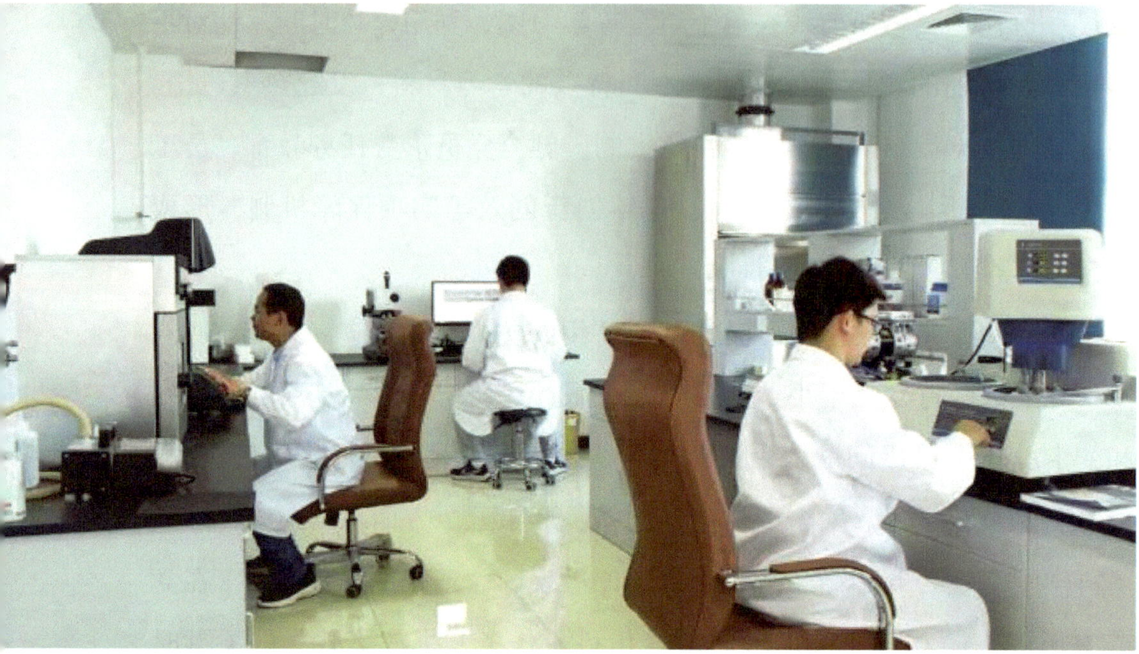

科研人员进行科技攻关

挑战性且可以较短时间内见效果的“党员创新登高计划”，同时党支部在全程跟踪、提供帮助、发挥典型引导等环节上下功夫，通过开展科创论坛、细化创新考核指标、制定青年创新能力提升行动计划等5项举措，坚持科技是第一生产力、人才是第一资源、创新是第一动力，全面提升党员青年科技创新能力。以党建项目化手段提升科研项目管理能力，根据项目责任人科室交叉的特点，建立集中各科室骨干力量推进工程建设的协同机制，结合重点科研工作专题研究、专门部署、专班推动、专项督办，并定期开展“回头看”。打造“红色链条”党建联盟，与院内四所、党群部开展联合共建，与中核四〇四等联合作战单位开展项目共建，对原子能系统内部单位开展协作共建，通过项目牵引和技术聚集，合力攻坚项目建设中科研难关，共谋战略策略、共过组织生活、共解科研难题。建立党建促学术交流机制，开展“钻研角—业务工作讲评学”活动，邀请相关领域优秀党员骨干开展大学习大讨论工作，打破不同学科间沟通渠道壁垒，提升整体技术创新水平，填补多个国内空白，“严谨、开放、求实”的科研氛围愈发浓厚，获得多项省部级科学技术大奖。

以“四提升”筑造“四强”堡垒

中核陕西铀浓缩有限公司生产运行部运行管理工段党支部

一、品牌建立背景

生产运行部运行管理工段党支部承担着系统运行维护、评估监督、科研技改、级联计算、能源计量管理等重要职责，岗位人员均为运行系统的技术技能骨干。党支部坚持党建工作与生产经营深度融合，以“发挥作用，创造价值”为目标导向，结合岗位职责、支部定位、人员特点，全面分析支部工作薄弱点，寻求促进中心工作发力点，以“四提升”为载体，打造“四强”党支部，铸就坚强战斗堡垒，为系统安全稳定运行保驾护航。

二、品牌内涵

运行管理工段党支部通过党建“四提升”行动（政治素养提升、科研水平提升、专项质效提升、榜样力量提升），激发党组织和党员内生动力，聚力打造“四强”党支部（思想引领力强、推动发展力强、改革创新力强、凝聚保障力强），以党建“红色引擎”融入中心任务，助力科研生产不断创新，重点专项高质高效完成，党组织的战斗力、凝聚力、号召力持续增强。

三、主要做法及成效

（一）开展“政治素养提升”行动，打造党建红色引擎

党支部充分发挥“三会一课”“主题党日”的政治学习和教育功能，通过固化主题党日、支委讲党课、学习研讨交流、分享学习心得体会等方式，持续提升党员政治素养和理论水平；以“学习＋交流研讨＋融合专题行动”模式，促进理论与实践相互转化，把党性教育、红色教育、警示教育、实践活动、技术攻关、任务突击等融为一体，切实解决实际工作中的具体问题；针对业务工作需求，开展“我来上讲台”活动，党员、青年、技术骨干积极分享政治学习感悟、专业领域经验、实践操作技巧，在提升理论水平的同时，提升专业领域技能；面对基层学习需求，在工休间搭建“党建书屋”，为党员、员工提供便利的、可随手翻阅的“伴手书”，努力营造爱读书、善读书的浓厚氛围，提高了广大党员主动学习的积极性。

科研突击队进行设备原理分析

（二）开展“科研水平提升”行动，助力智慧工厂建设

运行管理工段党支部用好科研载体平台，依托全国技术能手、中核集团首席技师金晓东“国家级技能大师工作室”、陕西省劳动模范唐建“劳模（创新）工作室”积极承担科研项目，以“青年揭榜挂帅、党员冲锋在前、专家坐镇指导”的方式，组建科研创新团队。科研目标分解到月，任务到点、责任到人，科研团队分小组分方向，每一个科研小组至少有两名党员，挂出作战图和任务单；设置小组登高目标，党员亮出承诺，目标和承诺均上墙，接受广大干部员工的监督。建立科研项目全周期落实跟踪反馈机制，“月度项目分析暨党员践诺评估”成为推动、优化项目的有效方式。修编《科技成果管理及转化办法》，进一步明确了科技成果的转化及配套激励机制，为科研创新工作提供有力保障。党

员深度参与科研项目，让项目成为培养“又红又专”人才的战场。青年党员“领军挂帅”，首席大师“坐镇指导”，是传帮带和压担子的有效结合，为青年成长成才“墩苗壮骨”，促进快速成长，不断提升团队的整体水平，实现公司生产线自动化、智能化的新跨越。

（三）开展“专项质效提升”行动，促进重点任务攻关

运行管理工段党支部聚焦“级联效率提升、FLG成本降低、技术水平提高”等生产运行重点领域，以系统优化为导向，找准关键环节，支部牵头、党员带头，推行“一个党员对口一个项目”机制，组建低丰度产品生产任务攻关组、产品生产效率提升攻关组、重点设备检修攻关组、主设备清洗攻关组等党员专项攻关组十余个，在生产运行重点领域、生产一线运行优化领域、重点设备延寿领域等重点领域，找准优化关键问题，持续深入开展攻关研究，不断优化系统运行效率、降低系统运行能耗攻关。攻关组的成立有方案、有动员，过程有监督和跟踪，结果验收和复盘；同时对党员在项目中表现做评估；“先锋”将获得民主评议党员的加分。在浓厚的科研技改、技术创新的氛围中，逐步形成了重点工作有党员带头、重点任务有党员推动、重要攻关有党员兜底的工作格局，支部党建工作优势转化为生产优势，党建工作效果以运行系统成果检验，党建“红色引擎”助推技术能力和管理水平不断提升。

（四）开展“榜样力量提升”行动，培育比学赶超文化

运行管理工段党支部以“发挥作用、员工认可、群众满意”为目标，对生产运行、管理服务、党建工作进行跟踪问效，每季度以月考评为基础，持续开展“季度之星”评比展示活动，长期的激励机制运行良好。支部大力培育选树先进典型，通过“重点选树＋日常培育”的方式，内宣加外宣同步进行，内宣见人见事，通过身边人讲身边事，用身边事教育身边人；外宣见人见情怀，通过官微、视频号、人民网等多种渠道宣传核工业人的事迹和情怀。同时，注重在生产一线中树立榜样、历练青年，党组织搭台架桥，让年轻同志担任项目经理、现场负责人，给其“压担子”、让其“挑大梁”，让他们多当几回热锅上的蚂蚁、多接一接烫手的山芋。让青年经过积累、历练、捶打，迅速成长为运行领域的行家里手和先进榜样，助力“生力军”成为“主力军”。

“三个聚焦”做实党建项目化管理

中核兰州铀浓缩有限公司生产运行一部四期运行党支部

一、品牌建立背景

中核兰铀生产运行一部四期运行党支部承担着我国首座国产千吨级级联的运行维护任务。为提升基层党建融入中心的价值创造力，党支部借鉴工程建设项目管理经验，采用科学实践方法，围绕党建项目化管理和技能提升“两个重心”，全面推动党建工作与项目建设工作深度融合、高效联动，不断激发基层战斗力、增进全员凝聚力，为主工艺级联安全稳定高效运行提供坚强的政治保障。

二、品牌内涵

坚持以政治建设为统领，以提升组织力和引领力为核心，创新开展党建项目化管理，通过与业务工作同计划、同实施、同考核，聚焦安全、难点及创新三个方面，解决了工艺运行中的安全、难点问题，促进了科研成果转换应用，推动了基层党建工作与中心工作深度融合。

三、主要做法及成效

（一）聚焦安全，开展隐患排查治理全员行动，筑牢安全生产首道防线

维护级联安全稳定运行是党支部的首责。党支部设立“筑牢安全生产首道防线”党建项目，建立“主动排查、全员参与、党员人人都是安全员”的安全隐患排查治理工作机制，在安全生产工作中展现了过硬的凝聚力和战斗力。开展全员培训。通过组织骨干党员送培训进班组，进行“中班一小时、夜班一小时”的全员培训，全面提升人员技能水平，提升隐患识别能力。开展全员隐患排查治理专项行动，支部带头落实隐患排查主体责任，党员主动认领整改任务。在与车间签订《安全生产责任书》的同时，党支部与每个党小组签订《岗位安全承诺书》，明确党小组、党员在安全生产中的职责，形成单位、班组、个人，党支部、党小组、党员安全生产责任链。开展遵守“三项纪律”标杆活动，党员带头排查隐患，支部定期对隐患排查治理效果进行督查，对排查不到位或整改不力的党小组进行谈话提醒。逐步形成了安全管理覆盖“无盲区”、

资源整合“无壁垒”、沟通协调“无障碍”、协同联动“无缝隙”的安全监管合力。开展全员应急突击活动。面对各种突发事件，支部第一时间发布工作倡议，启动应急响应，按照相应的应急预案进行处置。开展“党员干部我带头、消除隐患保安全”有针对性的对重点环节、关键工序、关键位置进行监督检查，确保消除安全隐患。在疫情防控攻坚期，党员突击队执行全封闭“三班两倒”的工作模式，坚守生产一线60余天，实现“生产不停产、人员零感染”目标。

（二）聚焦难点，狠抓重点难点问题攻关，在“卡脖子”技术研究上持续发力

党支部通过设置攻关项目清单，开展党建促××项目攻关党建项目。在科研技改立项的同时，同步制定《××项目攻关党建项目实施方案》，明确支部及党员主要职责，确保攻关项目有责任人、有目标、有推进措施、有完成期限、有效果评价，为项目顺利推进提供组织保障。针对主工艺系统滑阀真空泵故障率偏高，处理难度大的问题。支部开展了“滑阀真空泵自动破空装置的设计与应用”党建项目，该项目由支部书记担任主要负责人，协调工艺、电气、仪表三个专业的党员共同参与，全力配合劳模大师工作室开展科研攻关。在项目设计阶段，支部选派技术骨干全程参与设计、论证，在项目实施阶段，支部负责协调不同单位的人员到场施工，调派党员承担了电缆敷设、DCS编程等突击工作，在项目验收阶段，党支部严格把关，确保各项功能符合要求。支部分别从技术、管理、人员等方面提供强有力的保证，促使该重点科研项目顺利实施，实现了真空泵停车后自动充气，有效降低了真空泵的故障率，减少了运行人员劳动强度。

党建项目组开展现场攻关活动

（三）聚焦创新，推动新技术新设备应用，突出党建融入中心工作成效

支部充分发挥各层级专业性、系统性优势以及领军人才带头作用，设立创新成果转化应用党建项目，明确由支部的技能大师、首席工程师及技术骨干负责引进创新项目。根据项目实施需要，党建项目组及时提供组织协调、技术、场地、人力和物力保障，确保项目顺利实施。在项目总结验收阶段，积极协助收集、记录各类原始数据和资料，并完成效果总结评价。支部综合考量项目的重要性、紧迫性、复杂性、专业性及

生产的密切性等因素，将项目按照实施难度高低排列，并制定相应“项目认领”规则，动员专业突出、作风优良的骨干人员积极参与，认领重点、难点、紧急项目。在“首台 $4m^3$ 容器供、取料试验”党建项目实施中，支部党员、劳模大师工作室负责人魏晋辉主动认领项目，带队承担了该试验前期的现场改造，试验中的重要操作及数据记录等工作，成功解决了项目难题。该项目为铀浓缩行业使用 $4m^3$ 超大容器冷凝取料及大流量供料取得了第一手试验数据，为超大供、取料容器推广使用积累了实践经验。

“四微”矩阵铸“红芯”

中核建中核燃料元件有限公司八车间党支部

一、品牌建立背景

中核建中核燃料元件有限公司八车间主要承担核燃料元件生产任务，随着供货需求不断增加，八车间 1 号生产线负荷加大，已基本达到产能极限，因此需要迅速上马新的 2 号线。八车间党支部结合车间实际，坚持“抓党建促生产”，倾力打造“红芯”党建品牌，通过建立“四微”矩阵，扩大党建工作覆盖面，极大调动了广大党员、员工参与新生产线建设的积极性与主动性，保障中心工作高质量完成。

二、品牌内涵

“红芯”与红心谐音，表明八车间传承红色基因，赓续红色血脉，永远坚持正确的政治方向，坚定不移跟党走，一颗红心永向党。“芯”同“心”，也表明八车间承担的“华龙一号”全球首堆首炉核燃料“华龙芯”重要制造任务。八车间党支部始终以打造“最强核能芯”生产标杆车间为目标，通过建设多元“微阵地”、开设先锋“微课堂”、打造特色“微活动”、组建温馨“微家园”等“四微”矩阵，擦亮初心、淬炼匠心、融入中心、凝聚人心，实现“产能效益双提升”。

三、主要做法及成效

（一）建设多元“微阵地”，擦亮初心

党支部针对党员岗位分散、频繁集中教育活动难以组织等困难，在严格落实“三会一课”、主题党日活动等制度的基础上，建立多元化的党建信息传播渠道，开展“微阵地”建设。打造党建工作“idol”微景观，多维度、多视角宣传展示支部工作和党员先进事迹，强化集体荣誉感和凝聚力。以党支部微信群、公司微信公众号、公司局域网等媒介组建学习交流平台，定期推送党建信息、时事政治、公司新闻等内容，组织党员随时随地开展交流研讨，真正把“微阵地”打造成支部开展理论学习、宣传先进典型、推广工作亮点和先进经验的重要载体，有效提高了广大党员的政治判断力、政治领悟力、政治执行力。

（二）开设先锋“微课堂”，淬炼匠心

党支部针对党员教育、形势任务教育以及业务技能培训等实际需

求，持续打造“微课堂”。开展“努力成长为核燃料元件生产的主力军”等系列微党课教学，组织车间员工共同参加学习，引导广大党员干部员工全力完成供货任务。坚持形势任务教育进班组，支委成员“点对点”到联系班组开展形势任务教育和思想政治工作，讲国际形势、国情司情，讲新生产线建设进展，增强了员工的信心和责任感。采用“微课堂”的方式开展小、专、精的业务培训。开设“老带新、传帮带”知识讲堂，由经验丰富的“老党员”向“青年军”传授经验，在新生产线建设工作中，“老青组合”突破诸多生产线建设难点和工艺技术瓶颈，有力保证了新生产线的建设工期和工艺水平提升，也让党支部成为助力青年成长的良好平台。

“老带新、传帮带”知识讲堂传授操作经验

（三）打造特色“微活动”，融入中心

党支部聚焦“打造‘最强核能芯’生产标杆车间”目标，组织开展主题实践“微活动”。设立党员责任区，将党员责任落实到生产流程全过程。成立党员突击队，开展技术攻关，着力解决数字化生产线建设难题，打通数据采集盲点，实现生产数据可视化和仓储管理智能化。实施党建项目化管理，加强对党建活动的程序化控制和标准化考核，开展“党员攻关助力福清6号‘华龙一号’首炉生产”项目，围绕生产线试验鉴定、人员准备、生产过程控制等环节进行攻关，确保车间高标准、高质量完成福清6号机组首炉“华龙一号”燃料组件生产任务；开展“攻克工艺难关，消除产线缺陷，确保2号线达产达标”项目，围绕推

突击队成员钻研焊接新工艺

动完成芯块、燃料棒、组件产品鉴定和生产线消缺完善工作进行攻关，推动生产制造 MES 系统二期上线运行，助力车间顺利达成目标产能。开展“党建 + 能力提升，有我在”芯块产能承接专项活动，通过反复试验和调整，完成工装夹具、工艺和质量控制文件等准备工作，使车间具备了多类型芯块的生产能力，有力保障车间产品生产与生产线建设“两不误”。在“微活动”助力下，八车间产能增加 1 倍，组件年产量突破 1000 组，刷新历史纪录；芯块生产类型从 1 种增加至 4 种，成品率累计提升 2.5 %；生产信息系统新增多项数据分析功能，实现生产数据可视化，元件制造管理手段极大丰富，车间数智化水平迈上更高台阶，为中核建中智慧工厂建设打造了样板。

（四）组建温馨“微家园”，凝聚人心

党支部积极探索党内关怀的有效途径，努力营造“有温度”的党建。建立党员政治生日台账，定期开展集体过政治生日活动，通过发放政治生日贺卡、重温入党誓词、集中学习座谈等，增强党员归属感、使命感。党支部书记、委员时常与党员和群众谈心，及时了解员工思想动态，关心和慰问生病住院党员。同时，为广大员工解决工作和生活上的难题，时刻把关系员工切身利益的事情摆在工作的突出位置，并想方设法加以推进和解决。联合车间工会开展健步走、接力跑、球类比赛等文体活动，营造了“车间大家庭”的良好氛围。

发挥党建四维效能 跑出科技强核加速度

中核北方特种材料研究与开发应用重点实验室党支部

一、品牌建立背景

习近平总书记指出，只有把关键核心技术牢牢掌握在自己手中，才能真正掌握竞争和发展主动权。特种材料研究与开发应用重点实验室作为我国核工业创建的第一个“厂所结合”的研究室，承担了国家、集团、自治区等多项科研项目。新时代新征程，如何进一步提升党支部政治功能和组织功能、激发青年人才家国情怀、发挥党建效能激发技术创新活力，是摆在党支部面前的重要课题。

二、品牌内涵

党支部立足问题导向，通过构建党建工作四维模式，推动支部找准奋斗方向、突破技术瓶颈、强化责任担当、精细工作标准，通过党建与科技创新的深度融合，跑出科技助力中核北方打造国际一流的核燃料和核材料科研生产基地的“加速度”。

三、主要做法及成效

以特色支部模式明确品牌目标。党支部立足“一支部一特色”竞相呈现，按照选型准确、务实管用、形式灵活、呈现特色的基本方针，结合科技创新的工作实际，从公司党委明确的特色支部创建类型中选取科研攻关型作为党支部的创建目标，并围绕选型理由、现状分析、预定目标、组织领导、责任体系、实施措施、工作制度、阶段达标等 8 个方面编制特色支部实施方案，通过“三亮、三进、三带头”的方式不断完善工作措施，以特色支部创建锻炼队伍、提高素质、打造形象、营造氛围。近年来，党支部围绕创建目标，带领党员先后开展了“率先垂范，攻坚克难，完成新型产品研发任务”“党员履诺葆先进，支部践诺促发展，确保中空开孔芯块生产任务顺利完成”“技术大讨论”等支部特色主题活动，让党建工作全方位融入中心、融入管理、融入文化。

以党建项目模式搭建载体平台。党支部按照党建项目化管理的具体要求，围绕推进技术革新找准党建融入中心的切入点，提出项目党建立项课题，设定党支部的攻关内容，定人员、定事项、定目标、定责任、定时限，通过明确项目进度、责任分工、时限要求、质量标准、预期目标编写立项方案，确保任务层层分解，管理要求细化，让参与党员心中有标准、肩上有担子；同时，结合党建项目的实际进展情况，开展定期攻关讨论和不定期学习交流，并将党建项目攻关记录纳入支部工作记录。近年来，支部先后组织开展了“践行使命，攻坚克难，完成重点科研年度任务”“党员引领，创新不辍，打通气冷微堆燃料芯块制备工艺”“严格组织生活管理，转变作风，增强支部组织力”及“守好意识形态阵地、强化支部凝聚力”等党建项目，将党建工作从“软任务”变成“硬指标”。

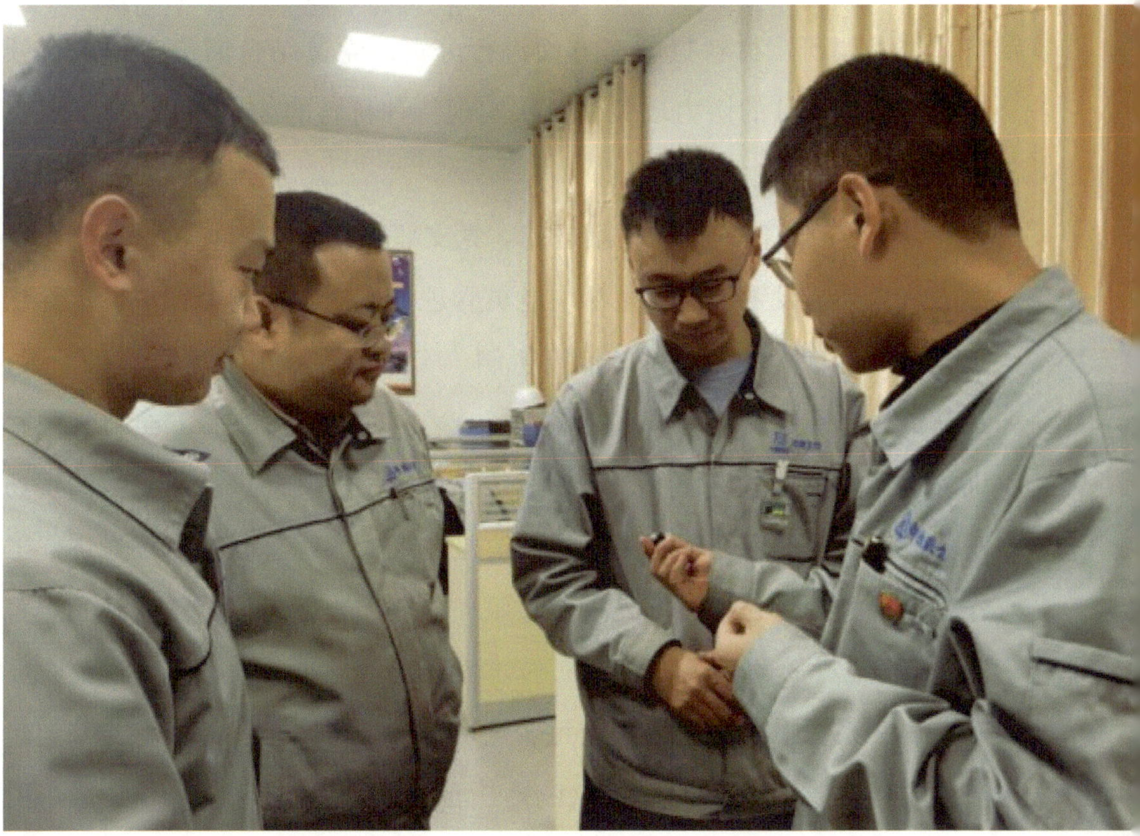

支部党员策划讨论科研工作方案

以责任清单模式强化执行落实。通过“网格化分责”和“主动领责”相结合的方式，构建党建工作和中心工作横向到底、纵向到边的责任落实体系，以“责任分解”为抓手，支部根据党员分布和班组承担课题情况，编制年度《生产科研任务关键点辨识清单》和《重点任务行动表》，将目标细化、量化为可操作的具体指标，为党员指明方向、梳理责任；以《党员创新登高履责清单》落实工作责任，制定基础项和先锋项职责，党员以“我承诺、我履责”的方式承担支部工作中应由党员先锋带头完成的具体事项，支部通过清单化制定、台账式管理、民主化评价强化执行落实。在特种材料 3D 打印科研攻关中，支部围绕粉末制备、技术调研、材料打印三方面进行分责，党员结合岗位工作进行领责，通过 3 个月的协力攻关，首次实现特种材料的 3D 打印，让“要我干”和“我要干”有机结合。

以持续改进模式推动精细规范。党支部通过借鉴 PDCA 循环管理方法，从党小组设置、组织生活、党员管理、作用发挥 4 个领域确定党建工作具体标准，使党支部的制度机制、工作内容和工程流程一目了然，让党员行有准则、动有依据、做有规范。同时党支部在“安全行为观察训练”管理模式的启发下，定期邀请兄弟单位党支部进行组织生活现场观察，对发现的问题和不足，提出改进建议、跟踪整改。在评先选优工作中，从挖掘优秀党员率先垂范、服务群众和履行岗位责任的闪光点着眼，评选出生产经营模范党员、技术创新模范党员、效益提高模范党员和密切联系员工群众党员，让每名党员学有榜样、做有标杆。支部党建工作的持续改进，确保了党建工作“行动看得见、方法易操作、成果留得下、党员受洗礼、员工愿实施”的目标实现。

“党建＋科研”赋能高放废物处置库研发

核工业北京地质研究院环境工程研究所党支部

一、品牌建立背景

2021年6月，中国北山地下实验室开工建设，我国高放废物地质处置库研发步入了新发展阶段，同时科研团队也面临着工作环境、研发周期、研发任务和技术标准等多重不确定性因素的挑战。环工所党支部紧紧围绕研发国际一流地质处置库目标，坚持以“党建＋科研”助推科研能力提升和科技成果转化，不断提升科研工作创新力、凝聚力和战斗力，为我国高放废物地质处置库研发作出积极贡献。

二、品牌内涵

环工所党支部聚焦科研团队能力建设、关键技术攻关和重大工程建设，通过“党建＋科研”，把党的组织优势转化为推动科技创新的内在驱动力，不断提升科研团队的整体科研水平和攻坚克难本领，推动党建工作与科研工作相融互促，助力国际一流高放废物地质处置库的研发工作，确保我国核产业链安全闭环。

三、主要做法及成效

（一）坚持“传帮带”，夯实科技创新基本功

环工所现有员工 50 名，其中博士 20 名、硕士 15 名，是一支高学历、高职称、高素质的科研队伍，党支部聚焦团队科研能力建设这个关键环节，充分调动内外部资源，开展“传帮带”，为科技创新打下坚实基础。在支委班子中增设科技委员，主抓专业知识学习和团队能力建设，通过开展经验传授交流会、科技论文写作培训会、项目立项成功案例解析会等方式，引导党员骨干发挥特长，帮助课题组长明确研究方向、理清技术路线、掌握技术方法。建立内部培训机制，组织业务能力突出的党员上讲台，对新员工开展业务知识和科研技能培训。开展“师带徒”工作，考虑岗位类型、业务特长、年龄结构，采取组织推荐与双向选择相结合的方式进行师徒匹配，引领青年员工快速成长。紧盯行业发展前沿，用好“核地大讲堂”平台，邀请院士、知名学者开设相关领域公开课或学术讲座，面对面开展问题讨论，增进学术交流，碰撞思维火花。

开展“师带徒”为青年员工讲解测量操作技巧

（二）建强“突击队”，引领科研攻关新突破

环工所党支部围绕重大科研项目中急需解决的关键技术和重要设备积极打造党员突击队。针对中低渗透性岩体渗透性原位测试这一国际性难题，组建钻孔水文地质试验突击队，在引进、消化、吸收国外先进技术设备的基础上，建立起我国高放废处置领域的钻孔水文地质观测与试验方法技术体系，编制集团公司企业标准4部、研发4套具有自主知识产权的地下水分层监测设备，填补了国内该领域设备的短板，一举打破国外垄断。面对国内缺乏安全评价软件的情况，组建平均年龄只有32岁的“安全评价软件研发”青年突击队，仅用1年时间就突破了多重屏障系统中的关键模型构建和计算模块开发，形成具有完全自主知识产权的安全评价软件，实现国

内安全评价软件零的突破，牢牢把“卡脖子”技术掌握在自己手中。

（三）打造“服务队”，畅通国际交流

针对国际交流需要，抽调具有外事工作经验的党员建立外事工作党员服务队，为计划出国访学、交流的同事提供义务咨询服务。申请筹办8个国际原子能机构技术合作（IAEA–TC）项目，协助核地研院与法国、瑞典、芬兰、日本、比利时、德国、俄罗斯、韩国等8个国家的研究机构签署了长期合作双边协议或合作备忘录。同时，党员服务队根据党员群众的需求，制定国际学术交流会议工作机制，维护网络沟通交流平台的日常使用，每季度积极组织国际学术交流专题研讨会议，扩大我国高放废物地质处置研发团队在国际上的影响力。建立国际专家“点对点”沟通联络机制，每名党员服务队成员负责联系一名国外研究领域内的顶尖专家，保持经常性工作上、生活上的交流沟通，通过探讨科研问题，及时了解掌握高放废物地质处置研究领域国际最新进展，并邀请其为科研人员做专题讲座，提高科研人员的国际视野。

（四）推进“大协作”，打造科技攻关联合体

在北山高放废物地下实验室建设项目实施过程中开展党建联建，积极融入“工程＋科研＋地方”三位一体模式，联合开展组织生活，把项目管理、业务培训、技术交流纳入党组织活动中，丰富了组织生活的形式和内容，促进了党员之间的交流沟通，切实保障现场施工与科研工作协调同步开展。在某项关键技术研发过程中，联合全国7个顶尖研究团队，开展联学联做等联建活动，凝聚团队共识、加快研发进程，提前完成11项大型现场试验，突破了系列达国际先进水平的关键技术，为我国高放废物地质处置库建设提供科技支撑。

“三融合”助力地浸采铀矿区可持续发展

中核通辽铀业有限责任公司高林屯铀矿党支部

一、品牌建立背景

中核通辽铀业有限责任公司高林屯铀矿党支部（以下简称党支部）所在的钱Ⅱ矿区已运行12年，资源利用率达到80 %，进入地浸采铀开发后期，降本增效、管理提升等方面压力激增。全面推进基层党建融入中心工作，在生产实践中发挥党支部战斗堡垒作用和党员先锋模范作用，推动矿区持续稳定发展，是党支部工作的出发点和落脚点。

二、品牌内涵

“三个融合”工作法，是党支部结合工作实际，推进党建融入矿区生产工作的着力点和突破点，即把党支部的理论学习、作用发挥、标准化建设与矿区生产工作深度融合，让党旗飘扬在采铀生产一线，为矿区持续稳定发展提供组织保障。

三、主要做法和成效

（一）打破思维壁垒，健全支部学习与生产工作融合机制

学以致用，用成熟理论指导工作实践。落实“第一议题”制度，把习近平新时代中国特色社会主义思想、核工业发展历程等内容纳入“三会一课”必学内容、组织生活必谈内容、发展党员必讲内容，坚持用理论武装头脑、指导实践，党员群众“心中有方向、行动有目标”，把主要精力放到工作上。

学用结合，用活动载体促进知行合一。制定党史学习教育、学习宣贯党的二十大精神等活动方案，围绕“永远跟党走、奋进新征程”主题，细化四个系列 15 项重点任务，拓展“支部委员谈心得”“青年技术人员上讲台”“党员讲微党课”“精益管理提案会”等学习成果交流平台，提出并改进“巡检路线优化”“供热锅炉煤改电”等生产一线问题 10 余项。

学用相长，用双向互动激励双重提升。注重工学统一，利用中核大讲堂、核工业党校等平台，丰富党员学习教育方式，把“生产工艺、技术理论、心理建设”纳入党支部和矿区学习内容，党支部总结党建融入

中心工作案例3个，实践“补学党员谈感悟”活动，党员撰写体会感悟材料39篇，解决学习效果难落实问题。组织“知企爱企、担当作为”主题宣讲20场次，引导党员群众担使命、抓落实，党员成为一线技能能手、技术能手的绝对骨干力量。

党员干部和技能骨干在降本增效、绿色低碳活动中发挥作用

（二）锚定重点难点，强化作用发挥与生产工作融合机制

主动优化，在降本增效中发挥骨干作用。党员干部和技能骨干运用精益管理方法，翻档案、理流程、评效益，完成一期二期沉淀管线合并，注液泵原液泵“双转单”流程改造，关停不经济钻孔，取得降本实效，年节电费100万元。实施变压器减容，年节约容量费1.2万元。

勇于攻坚，在技术创新中展现标杆作用。开展揭榜领题活动，号召党性强、技术能力突出的党员技术骨干主动破解技术难题，完成铀业级科研项目2项、完成公司级科研项目QC课题7项；“一种提高地浸采铀钻孔运行水量的方法及装置”等6项专利源于一线、用于一线。

冲在一线，在防疫一线中彰显担当作用。党员主动认领“三查一测一消”任务，安防科、综合办党员牵头检查外来人员300余人次、返岗员工130余人次，做到应查尽查、全覆盖无遗漏。坚持“严防严控”与“关爱服务”相结合，协调提供上门核酸检测和生活保障服务，提升管控“温度”，推进“幸福中核”建设。

贴近现场，在安全生产中发挥先锋作用。开展党员身边无“三违”、争创“优秀党员安全监督哨”活动，党员带头学安全、带头讲安全、带头查安全、带头治隐患，在矿区范围内开展安全管理“认识再提高、隐患再排查、制度再完善、管理再提升”百日专项行动，纠治“三违”问题，活动期间整改安全隐患问题50余项，为矿区安全生产零事故提供“先锋保障”。

（三）坚持同心共向，优化标准化建设与生产工作融合机制

目标融合，强化发展合力。做到党支部标准化建设与矿区生产提质管理年度目标统筹规划、指标分解一体进行、阶段任务同步制定，用矿区改革发展成效检验党支部工作成果，用“两个作用”的有效发挥促进矿区持续稳定发展。2021年，矿区生产经营指标排名公司第一、党支部连续2年荣获通辽市国资委系统“最强党支部”。

评价融合，调动全员动能。根据《党支部书记抓基层党建工作述职评议考核办法》，明确党支部7项重点任务、40个具体工作，构建“支部书记负总责、支部委员担细责、党员干部积极参与、矿区全员同心同向”的机制，把党支部工作考核和矿区业绩考核挂勾、把党建责任与党

支部和矿区班子建设现结合，党支部党建工作“含金量”得到保障、基础工作得到强化。

履职融合，实现同频共振。组织“群众评议党支部”活动，把党支部建设与矿区发展、与密切党群关系无缝对接、系统融合。开展比作风形象、看团结带动群众，比作用发挥、看岗位业绩成效，比理想信念、看日常工作表现的“三比三看”活动，党员干部围绕班组管理、工艺革新、节能减排等领域申报提案 13 项，围绕基础管理提出对标内容 73 项，第一时间解决生产现场需求 26 个，为矿区牢牢把握完成年度生产任务的主动权提供强力支撑。

“四聚焦”赋能硬岩铀矿标杆建设

中核韶关锦原铀业有限公司党总支

一、品牌建立背景

中核韶关锦原铀业有限公司是我国目前唯一保留的地下开采硬岩铀矿山生产企业，当前公司正处在改造升级的关键时期，党总支勇担建设我国硬岩铀矿标杆的重要使命，形成“四聚焦”工作机制，推动党建工作与中心工作互融共促，将党建优势转化为企业发展动能，以“红色引擎”赋能硬岩铀矿标杆建设。

二、品牌内涵

党总支围绕建设硬岩铀矿标杆这条主线，不断探索党建与中心工作深度融合的切入点和着力点，从“班子建设、双标创建、中心融合、群团合力”四个方面精准发力，构建起上下协同、内外联动的工作格局，党建工作机制进一步优化，党建工作质量效能进一步提升，硬岩铀矿党建品牌进一步彰显，党支部战斗堡垒和党员先锋模范作用有效发挥，为公司高质量发展打下坚实基础。

三、主要做法及成效

坚持党建与改革发展同频共振，以“提素养、强管理、务实效”为导向开展一系列党建精细化举措，量体裁衣解决党建融入中心实际问题，拓展思路做好“党建+”文章，让党支部在服务大局中发挥优势，党员在攻坚克难中彰显作为。

（一）聚焦班子建设，当好“领头雁”

注重学用结合铸内功，深化“第一议题”制度，将学习成果与安全生产、科技创新、人才队伍建设实际有效衔接，深入开展专题研讨，找准问题症结，积极寻求破解制约公司发展难题的措施。强化监督考核促落实，建立党总支委员督办落实机制，结合年度重点任务，明确细化具体行动清单，由总支委员挂帅对接领取任务，协同推动落实，大力推进矿山机械化、自动化、信息化改造，推动井下采掘工效成倍提升，矿山本质安全度大幅提高，安全环保管理迈上新台阶，天然铀采冶生产任务连年圆满完成，通过国家高新技术企业认定和安全生产标准化一级达标评审，获评国家级绿色矿山，硬岩铀矿标杆建设成效显现。

（二）聚焦双标创建，锻造“先锋队”

开展以党支部标准化建设、党员标杆树立为主要内容的“双标”建设，全面提升党建工作质量。加强党支部标准化建设的全过程管理，在深化阵地建设、制度建设、工作流程标准化的基础上，将党支部标准化建设情况纳入公司党建月度考核，明确量化“规定动作”和“加分动作”，以考促建。建立党员先进性长效机制，在办公区、生活区和作业现场等区域打造文化长廊，针对矿山生产各环节，设立党员示范岗、责任区、突击队，多形式开展联学联做、主题党日活动，坚持开展“我是

党员突击队清理井下水仓

党员，向我看齐”活动，引导党员在班前会上集体宣誓，亮身份、树标杆，做好示范引领，接受群众监督，彰显“一名党员就是一面旗帜”；坚持理论宣讲进班组、到岗位，结合新《安全生产法》宣讲工作，党员走进班组宣讲，职能部门党员结合岗位实际，与岗位人员面对面宣传交流，让新《安全生产法》融入日常工作，进一步强化员工安全意识，让党旗在生产一线高高飘扬。

（三）聚焦中心融合，做好“助推器”

创新“党建+”活动，结合各党支部特点打造“安全、科技创新、服务”三型党支部。以“党建+安全”筑牢安全生产防线，持续开展“党员身边无事故，党员班组无违章”活动，建立员工“三违”台账，结合违章员工的具体情况，分析员工发生“三违”的原因，党支部书记通过个别谈心、现场教育、集体谈话等方式与“三违”人员进行沟通交流，使相关员工切实认识到“三违”行为的严重后果，把解决思想问题与实际问题结合起来。以“党建+科技创新”凝聚发展新动能，围绕“促生产、降成本、增效益”，成立攻关小组，开展棉花坑矿井无轨斜坡道机械化开采等系列科研和小改革小创新，在采掘工效、本质安全度方面等取得多重效益，获得国家专利授权6项。以“党建+管理服务”提升管理效能，开展采购管理、技术交流、制度宣贯等支部共建活动，管理部门党员挂靠对接一线班组，深入推进开展6S精益管理和五星班组建设，从环境到管理都呈现出新面貌。

（四）聚焦群团合力，打好“组合拳”

坚持凝聚合力，建立起与员工群众的多渠道交流机制，明确党总支委员每月到作业现场次数，支部定期收集群众意见建议，到员工宿舍进行走访慰问，把党建工作成效转化为群众工作优势。提升精准化服务，持续开展“我为群众办实事”活动，针对广东夏季炎热天气为员工宿舍配置风扇、凳椅，为降低夜间出行安全风险在生活区加装照明路灯，改造生活用水水质解决困扰员工多年的用水问题等，不断提高员工的安全感、幸福感、获得感。以工程项目为载体搭建青年人才成长平台，在无轨设备运维、采场爆破作业等生产重要环节中，让青年担任班组长、项目带头人，围绕重点项目组建青年突击队，勇挑重担、攻坚克难，激发青年生力军作用。五〇一矿、水冶厂青年突击队分别获评集团公司、中国铀业金牌突击队称号。

党建创新赋能工作站

中核华兴田湾核电项目部工程技术党支部

一、品牌建立背景

2022年5月19日，国家主席习近平在北京通过视频连线，同俄罗斯总统普京共同见证两国核能合作项目——田湾核电站和徐大堡核电站开工仪式。

作为田湾核电站7/8号机组项目建设中负责施工技术创新与技术支持的基层党组织，面对核电工程建设对施工生产新技术、新工艺、新设备、新材料应用的新标准和新要求，田湾核电项目部工程技术党支部聚焦打造“全球核能合作典范项目创新先锋”目标，建立实施“党建创新赋能工作站”品牌，发挥党支部和广大党员在攻克科技创新领域“卡脖子”问题中的战斗堡垒作用和先锋模范作用，切实为项目建设提供创新驱动。

田湾核电7号机组在中俄两国元首共同见证下开工建设

二、品牌内涵

“党建创新赋能工作站”通过建立“党员揭榜挂帅、创新能力培养平台、积分考核管理”等工作机制和实施路径，进一步提升党建引领创新推动作用的有效发挥，为保障重点工程“后墙不倒”提供创新技术支持和坚强组织保障。

三、主要做法及成效

（一）亮身份，建立“党员揭榜挂帅”工作机制，有效促进支部党员带头攻关

党支部聚焦党员作用发挥，建立“揭榜挂帅”工作机制，以“书记项目”和“党员亮身份”行动为抓手，有效推动解决一批重点难点课题攻关。

系统推进“书记项目”工作，党支部结合项目部党委组织的以“书记项目”为载体的基层党组织主题活动要求，以提升“四个能力建设”（学习能力、管理能力、创新能力和抓落实能力）为目标，建立以“筑牢生产根基、夯实项目质量”为主题书记项目，由支部书记挂帅担任负责人，结合工程建设中的“卡脖子”问题及精细化管理要求，清单化推进 BIM 技术应用、模块化施工等技术优化方案。项目推进期间，根据推进节点对方案实施效果进行验收和评价，开展总结表彰，形成有效闭环。

深入实施“党员亮身份”行动，在技术攻关方面，结合核电项目建设过程中面对的技术问题，组建党员突击队及创新创效攻关小组，带领技术骨干投身新技术、新工艺、新材料应用推广等重点工作，有效促进工程建设质量水平提升。在服务现场方面，开展党员与班组结对行动，带领班组细化施工技术方案、发明模板验收小工具等，先后解决了厂房墙体预埋件锚筋影响施工、木工板验收墙体模板过程中总需要爬高等 50 余项细节问题，助力提升班组精细化、高效化管理水平。2020 年至今共成立突击队 10 支，助力解决现场重点难点问题

2000余项，承担反应堆厂房施工技术研究、折叠式悬挂式脚手架改进等10余项关键核心技术攻关任务，切实助力提升工程项目建设质量和效率。

支部党员在施工现场开展技术交流

（二）育人才，建立创新能力培养平台，建强支部创新创效人才队伍

党支部始终聚焦“创新人才培养”持续发力，积极搭建创新能力培养平台，发挥优秀党员先锋模范作用，组织建立“张明皋创新工作室”，开展“书记立项”“党员微课堂”“一对一结对”“师带徒”“新员工培养路径图”等专项工作，积极搭建学习和培养平台，推进提升项目员工创新能力和技术水平。积极推进创新课题研究立项工作，细化课题研究管理机制，建立“课题立项申请、任务书下达、课题计划实施、中期过程督导、课题成果总结、优秀成果评比”等全过程管理模式，并持续推进

从“下达指标任务”到“主动申请立项”的模式转变，带动全体员工从“被动创新”到“主动创新”的良好转变。同时，通过与一线班组的密切合作寻找创新点和课题素材，宣传创新理念，并吸收优秀的一线作业人员加入创新创效队伍，更好地开展创新工作。

（三）强考核，创建“创新工作积分管理机制”，深化责任有效落实

党支部建立“创新工作积分管理机制”，制定《科技创新积分管理制度》，对参与科技创新的党员根据其贡献度和业绩成果进行积分，划分详细的积分指标，明确非 QC 技术创新、关键技术总结、专利、工法、科研项目、创优捧杯等 10 类积分标准，按期汇总积分排名并进行公示，激活党员先锋力量，发挥全员主观能动性。同时，党支部将积分成绩纳入个人绩效考核成绩，作为后续奖励的重要依据，切实深化创新工作推进的执行力与约束力。

2020 年以来，党支部先后荣获中核集团 2020—2021 年度标准化建设示范党支部等多项荣誉，承担的技术创新成果先后获得国家发明专利、江苏省省级工法、江苏省土木学会科技奖等省部级以上奖项 20 余项，《优化创新工作室流程，促进加速器作用发挥》获中核集团执行主题文化实践优秀案例一等奖，先后培养多名省级创新技术能手，为核电建设项目提质增效，打造“全球核能合作典范项目”注入全新动能。

聚力·红色标杆

中核华辰建筑工程有限公司甘肃分公司施工四队党支部

一、品牌建立背景

中核华辰甘肃分公司施工四队党支部成立于2020年5月，先后承建某项目一期E、F、G区的室外工程等关键性施工任务，具有结构复杂、多专业深度交叉、变更频繁等显著特点，加之项目地处偏远，自然条件恶劣，导致施工难度极大。为此，施工四队党支部始终坚持党建引领，以高质量推进项目建设为出发点和落脚点，抓思想、强根基、提效能，探索创建了“聚力·红色标杆”党建品牌，推动党建与生产经营深度融合，多个重要子项提前完成结构性封顶，为实现集团公司“三位一体”奋斗目标作出了积极贡献。

二、品牌内涵

“聚力”意为汇聚“核”力。施工四队承建子项体量大、时间紧、任务重，需要汇聚业主、设计、监理、施工、分包等全产业链工作合力，加强内外协同，为项目高质量推进提供坚强保证。

“红色标杆”意在激励施工队全体党员干部员工努力争当忠诚标杆、品质标杆、效益标杆、创新标杆和育才标杆，全力建造经得起历史和人民检验的伟大工程。

三、主要做法及成效

施工四队党支部聚焦“聚力·红色标杆”品牌创建目标，坚持以“五红”铸“五力”，争当项目建设“五个标杆”，将党建工作融入项目生产管理全过程。

（一）传承红色基因，汇聚思想“驱动力”，争当“忠诚标杆”

上下同欲者胜，党支部始终把抓好党员员工队伍思想建设摆在重要位置。通过“三会一课”、主题党日等活动，引导党员常念“入党为什么，在党做什么，为党留什么”。坚持给党员过政治生日，并开展“四个一”活动，即重温一次入党誓词、送上一则生日寄语、赠予一本理论书籍、开展一次谈心谈话，为党员加油充能量。同时，充分利用身边红色资源，先后在中核四〇四展览馆等地开展现场教育，邀请核工业老党员结合自身经历讲述核工业发展历程，党支部书记带头讲授专题党课，开展形势任务教育，引领广大党员干部员工深刻感悟党领导下的核工业波澜壮阔的奋斗历程，进一步增强高质量推进工程建设的信心和决心。

（二）凝聚红色力量，汇聚质安“保障力”，争当“品质标杆”

施工四队党支部将确保“安全零事故、施工零缺陷”作为支部和党员的政治任务。从强化安全质量意识入手，按《党支部进现场、党员进班组工作实施方案》，把经过培训的20余名党员和技术骨干编入10个工人班组，要求每月至少进班组讲一次安全质量，开展一次安全质量检查、协调解决一项问题等。按季对党员进班组的综合表现进行跟踪评价，并上墙公示，保证活动实效。从加强安全质量监督入手，推行党员

党员突击队授旗暨党员进班组活动启动式

目标责任管理，开展“党员身边无违章”主题活动，划分党员责任区，制定《党员质量责任区完成情况检查表》，明确责任区任务要求，组织党员带头深入责任区排查安全质量隐患，推动及时整改提升。

（三）筑牢红色堡垒，汇聚进度“生产力”，争当“效益标杆”

党支部始终坚持党建赋能，多措并举确保项目建设进度“后墙不倒”。针对部分工期紧、体量大的多边工程子项，党支发挥“举国体制”优势，协调业主、设计、监理等相关党组织选派精兵强将，成立“党员联合攻坚小组”，建立定期议事、问题反馈与解决等工作机制，降低沟通成本，集中力量解决制约施工的各项因素，提高施工效率。聚焦承建子项关键节点，党支部先后组建3个重点子项党员突击队和3个专项攻坚组，组织党员冲锋在前，起到了“亮出一支队、树起一面旗、带动一大片”的示范效应，有力保障项目施工进度。

（四）激发红色动能，汇聚科技“牵引力”，争当“创新标杆”

创新是第一生产力。党支部紧扣工程工艺核心技术，聚焦问题、合力攻坚，以技术科技创新推动提质增效。依托党建联建，解决关键难题。聚焦施工重难点和关键路径子项，党支部以党建联建活动为载体，邀请业主、设计单位技术专家联席开展复杂专项研讨交流、设计协调等，凝聚群体智慧，为现场施工提供充分技术支撑。坚持党员示范，领办科研项目。针对一些意义比较重大且难度较大的科研项目，党支部开展“党员领项目”活动，号召党性强、科研能力突出的党员技术骨干主动认领，到“最困难的地方”去。同时，组织各科研项目组定期晒成绩单，年末对所有科研项目进行结题审查，营造比学赶超的良好氛围。

（五）注入红色关爱，汇聚队伍“战斗力”，争当“育才标杆”

百年大计，人才为先。党支部针对施工队青年员工多、干劲足，但经验不足的工作实际，积极服务青年成才，纵深开辟“人才阵地”。坚持思想上定基调，施工队主要负责同志每年至少为青年员工上一堂企业文化课，教育引导青年员工积极践行新时代核工业精神，牢固树立敢打硬仗、争先创优的思维理念。坚持在技能上传帮带，实施“书记带党员、党员育骨干、骨干教新人”三级带教赋能模式，让有经验、有能力的党员骨干进行“传帮带”，达到共同成长的目的。坚持生活上共帮促，关心关爱员工，每季度至少召开一次“沟通零距离”员工恳谈会，及时解决员工生产生活困难，提升广大干部员工归属感和幸福感，切实打造“忠诚+职业化”人才队伍。

施工四队党支部以“聚力·红色标杆”品牌建设为统领，有效发挥基层党组织战斗堡垒作用和党员先锋模范作用，形成了党的建设“强”、员工队伍“稳”、干劲冲劲“足”的生动局面，实现安全形势平稳向好、节点目标全面实现、质量创优稳步推进、科技创新再创新高，有力保障工程高质量建设。施工队先后获评中核集团“标准化建设示范党支部”、中国核建“卓越施工队”等荣誉。

“六靠前、六保障”打好支部创效“组合拳”

中国核工业二三建设有限公司荣成片区项目部电气队党支部

一、品牌建立背景

习近平总书记强调，全面从严治党要在国有企业落实落地，必须从基本组织、基本队伍、基本制度严起。中核二三荣成片区项目部电气队党支部始终坚持抓好“三基”建设，推进公司“铁军价值党建”品牌落地，持续把党支部的组织优势转化为施工建设的生产优势，运用精益管理理念，成功探索并实践了“六靠前、六保障”工作机制，打出了支部创效的“组合拳”，不仅提升了基层党支部标准化建设水平，还促使党支部工作与施工生产实现“双赢”。

二、品牌内涵

“六靠前、六保障”工作机制以“一切工作到支部”为鲜明导向，运用精细化管理理念构建和完善了党支部标准化体系，推动了党支部在与精细化管理、质量安全和创新创效的融合中发挥作用、创造价值。

三、主要做法及成效

（一）战斗堡垒“靠前建”，保障党建引领有力量

根据电气队年度生产任务，制定并发布党支部年度重点工作计划和任务清单，并逐条责任落实到人，明确完成时间，实行销号管理。并以“支部建在队上，小组建在班上”为抓手，将组织生活下沉一线，把“三会一课”开到班组、开到车间、开到集装箱，将党小组会与班组班前会、班后会有机结合在一起，实现两不误，两促进。以计划促落实、以责任促成效和接地气的“三会一课”，受到了广大基层党员的热情参与，并通过党支部“三会一课”平台先后解决了倒送电、电缆端接等110多项施工难题，凸显了党支部的组织引领力。

（二）组织制度“靠前立”，保障精准落实标准化

电气队党支部运用精细化管理理念，印发了《电气队党员积分制考核管理办法》，对党员参与组织生活、模范作用发挥和质安隐患排查等7个方面进行全方位积分考核，同时，还设置了岗位目标完成情况和结

对班组反馈情况等加分项，通过每月为党员和入党积极分子，分类别、分层次精细化管理记录积分，形成积分台账，并在集装箱、宣传栏等醒目位置进行公示。“清单化管理”促使电气队党支部日常管理分工更加清晰，组织生活要求更加具体，党员对学习任务和模范作用发挥等更加明确，有效提升了党支部标准化规范化水平。

（三）组织生活“靠前走”，保障有滋有味还走心

电气队党支部成立 8 年多来，总结形成了“三定四有”机制，即：组织生活定计划、定时间、定主题，有台账、有影像、有签到、有资料。主题党日“1+N”，即：每月根据电气队实际，围绕疫情防控、安全质量、节点攻坚、助学帮困和新员工慰问等，有针对性的开展特色主题党日。通过“三定四有”和“1+N”，增强了电气队党支部组织生活规范性、支部材料的完整度，提高了组织生活吸引力，让党员过上有温度的组织生活。

（四）党员带头“靠前冲”，保障攻坚克难有先锋

电气队党支部进一步深化“三哨三服务”“党员融入班组共建”工作机制，各科室可根据需要，向支部吹响攻坚哨、共建哨和服务哨，电气队党支部统一协调资源“应哨报到”，以保障现场急、难、险、重问题有党员干，关键时刻党员冲的上去。2022 年，电气队共组织“三哨三服务”7 期，班组共建 20 个，230 余人次党员参与其中，并创造了连续 7 天 6 夜电缆铺设记录，先后完成了电缆敷设 403 公里、冷试系统电缆敷设 6821 米、常规岛电缆运输 9379 米，推动完成顶封头吊装、核回路冲洗等关键节点、里程碑 17 项，助力 4 个重要系统高质量移交。

党员带头进行电缆铺设保障节点目标

（五）安全质量“靠前抓”，保障抓实抓细不松懈

以“党员身边无事故”为目标，定期组织支部党员参与高风险作业值班和现场安全质量检查，就临时用电、人员安全防护、高空作业、特种设备及各项安全措施落实情况进行了深入细致的排查。2022 年，支部党员先后发现和整改隐患 212 条，在保障规范现场管理方面起到重要作用。实现了电气施工区域全年未发生任何质量安全事故，助力项目部通过 JG 安全达标、挪威船级社安全达标，所属班组荣获山东省 QC 小组成果 1 项、山东省质量信得过班组一等奖。

（六）创新创效“靠前促”，保障赋能提升有突破

围绕中核集团“三新一高”发展战略和中核二三“四大使命”落地，电气队党支部组织队部各科室成立了质量安全、进度控制、技术物资、施工生产 4 个创新专项组，支部书记为各组分配年度创新指标，每季度组织内部评选。年内，创新专项组围绕车间流水化、调试盘柜安装等开发了20余项先进工装，先后申报并荣获五小创新4项、技术革新成果3项、工法2项、应用新技术6项，一大批创效成果在电气施工过程中得到应用和推广，有效提升了AP堆型项目建设的精益化、自动化和数字化水平。

旗帜引领 服务先锋

中国核工业第五建设有限公司霞浦项目部第一党支部

一、品牌建立的背景

霞浦项目部第一党支部自成立以来，围绕项目部党委党建品牌“六维红飘带”，即安全维度作为关键点、共建维度作为结合点、创新维度作为突破点、高效维度作为着重点、学习维度作为增长点、服务维度作为落脚点，致力于把党建工作贯穿于项目生产经营与快堆建设的两条主线工作全过程。第一党支部结合实际业务特点，构建以学习、服务、两个维度“党建+”特色为主，其他维度“党建+”工作联动的模式，以高质量的党建引领项目部高质量发展。

二、品牌内涵

霞浦项目部第一党支部探索党建工作服务生产经营的新途径，让支部每一位党员成为一面旗帜，重要任务在哪里，重大项目在哪里，员工群众在哪里，党员服务的旗子就插到哪里，切实打通服务发展的“最后一公里”，确保每一项服务工作做到扎实、到位，形成“点对点”的专项服务机制。

三、主要做法及成效

量体裁衣，开展作业班组“三个一”精准帮扶活动。支部党员针对项目劳务人员占比多、核电经验少、人员构成复杂等问题，针对各专业作业人员承担的工作任务，结合设计标准要求，总结其他项目同类工作的良好实践和经验教训，因班施教，推进作业人员精准帮扶活动，开展各作业班组“三个一活动”。即“一班一册”——《质量管理行业手册》，收集核安全文化、质量要求、核电红黄线要求，以及各专业质量计划的见证时机、施工记录等细节要求，针对每个专业单独编制《质量管理行业手册》并组织各专业人员进行宣贯和承诺签字，确保人员掌握相关要求。“一组一图”——《施工对错图》，针对各专业各工序施工技术要求以及质量合格标准，通过采用质量隐患对图与错图相互比较的方式（对错图），直观表达问题的产生与预防措施，有效提升培训效果，便于理解与掌握。“一人一卡”——《安全标准作业知识卡》，结合新安全生产法内容，项目部应建立健全并落实全员安全生产责任制。《全员岗位安全职责知识卡片》，组织对项目部全体人员进行深入学习，对一线班组发放细化分解的起重工、电工、架子工、焊工等安全标准作业知识卡片。每月组织对各岗位人员安全生产职责掌握情况进行知识抽查，同时将岗位安全生产职责履行纳入季度绩效考核范畴。确保全员安全生产责任制精准落地。促进质量管理提升，一次拍片合格率达到 99.13 %；促进施工经验反馈，一次消点合格率达到 98.37 %；降低 20 万工时隐患率，项目部 20 万工时隐患率低于标准线且持续平稳。

精准指引，以“质量导航地图”实现经验反馈可视化管控。以 BIM 应用为基础平台，编制并使用“质量导航地图”，实现质量问题识别跟踪、经验反馈的可视化管理和培训，支部党员将质量信息在 BIM 系统里进行录入，将问题进行归类、分类编码、制订相应警示标识，在各施工区域进行实时更新并邀请质量经验丰富党员同步对班组全员进行培训，并根据施工进展以及问题的控制情况以颜色进行区分，将传统的文字宣贯，转变化可视化宣传，提高班组人员和检查员的吸引力并便于接受，同时加快质量数据的整理及趋势分析。项目部可随时进行模型漫游观看，针对典型质量案例进行预警，采取防控措施，充分发挥经验反馈效果，保证现场施工质量。通过“质量导航地图”的应用，项目质量管控情况良好，截至目前共开启 NCR 265 份，人因失误 33 份，占比 12.45 %，远低于同行其他项目比例。

建立“1+N”专业指导师机制。设置安全指导师、质量指导师、进度指导师、管理与技术指导师针对党员联系班组的“重点任务”“领域项目课题”，进行梳理、评审并定期提供“定制化、专业化”的服务。每月到班组开展一次谈心交流服务活动；每季度在班组开展一次宣传教育；每半年帮助班组完成至少一项改善项目；每年帮助班组开展一次管理小团队活动；如该班组近期需要申报“质量信得过班”支部将派驻质量方面党员指导师进行专门指导和协助撰写申报材料，霞浦项目部第一党支部全年累计联系班组70余次，为班组解决重点难点问题106项汽机班、电缆班、计划统计班获得福建省“质量信得过班组”，永攀高峰QC小组获得国际质量管理小组会议（ICQCC）推荐成果交流优秀奖1项。

党员指导师解答现场难题

聚焦问题反馈，实施“进度预警+进度纠偏”机制。党支部建立现场实施施工问题反馈单制度，强化“进度预警+进度纠偏”。提前识别施工问题。落实问题“1、2、3”协调机制，确保一般问题不过夜，重要问题2天解决，重大问题上升协调层级，3天解决。项目部累计发布计划预警单62份、赶工方案及纠偏措施2份、工期压缩审查单1份，项目部重大节点均按期实现。

“三位一体”助推“华龙一号”高质高效建设

中国核工业二四建设有限公司漳州核电项目部核岛队党支部

一、品牌建立背景

因设计变更、高温极端天气、疫情影响等因素制约，加之安全监管形势愈发严苛及56个月工期的“摸高计划”要求，“华龙一号”漳州核电核岛建设工期紧张、任务繁重，面临重重困难。为确保顺利完成1、2号核岛土建施工任务，核岛队党支部创建了“党员红坐标、攻坚零距离，打造核电建设新标杆”支部品牌，通过开展系列工作，发挥党建引领作用，助推“华龙一号”核岛建设提质增效。

二、品牌内涵

立足“华龙一号”核岛主体建设实际，在关键岗位点上创建党员示范岗，在“急、难、险、重、新”任务线中成立党员、青年突击队、党员先锋队，在重点区域创建党员责任区，以“点”固基础，以“线”促提升，以“面”聚合力，形成点线面三结合、全方位、立体化的“三位一体”党员攻坚坐标系，让党员零距离贴近一线，带领广大员工群众大力攻坚，全方位保障核岛高质高效建设。

三、主要做法及成效

以“三位一体”党员攻坚坐标系为抓手，通过党员进班组、党员突击队、党员责任区等，全方位充分发挥党支部战斗堡垒和党员先锋模范作用，抢进度、管安全、控成本、抓创新、强管理，引领全体员工保障“华龙一号”核岛建设各项任务高质量完成。

党员突击队抢进度，创造最短工期新纪录。结合建设实际，累计成立了 5 支党员突击队、2 支青年突击队。根据攻坚节点目标，通过成立专项技术攻坚小组、施工协调小组，与业主单位联合成立“联合攻坚小组”，制定行动项清单，严格执行日例会、周例会制度，党员、群众协同攻坚，逐条逐项解决施工、验收等各环节问题。在党员的带领下，核岛队累计攻坚完成 2 个核岛 FCD、2 个核岛 16.5m 板浇筑、1 号核岛内穹顶封顶等 7 个里程碑节点，创造了“开顶法”实施前提下，“华龙一号”单台机组从 FCD 到内穹顶吊装最短工期纪录。

党员责任区管安全，连续 4 年安全零事故。成立 3 个党员责任区，

党员突击队部署开展焊接工作

明确责任区党员必须带头落实“党政同责”，每天负责对作业现场的人员进行安全知识宣传、警示教育，督促本区域内安全生产和文明施工情况，定期开展现场检查，发现问题及时化解；实行党员网格化疫情防控，各党员与所辖班组“一对一”结对，负责所辖区域的防疫知识宣传、人员信息报备、应急防疫处理；开展党员身边无违章、无事故活动，党员带头亮身份、做表率，在作业现场要求做到杜绝违章作业和指挥，对发生在身边的违章行为立即制止、纠正，并可对身边安全行为良好员工发放点赞卡。员工可凭卡兑换奖品。通过上述措施，核岛队施工区域连续 4 年安全零事故，隐患整改率达 99 %。

党员先锋队控成本，将浪费制止在施工一线。成立2支党员先锋队，组织党员在签证办理、材料消耗、修旧利废上建章立制。将成本管控纳入党员每月绩效考核，激发党员在成本管控方面的作用发挥；制定《班组常用工具管理办法》，实行面对面一对一交接制度；制定《废旧设备回收管理办法》，对生产现场不用的废旧设备每班进行归类入库；结合现场需要，开展材料清理义务劳动，坚持“修旧利废，党员先行”，提升周转材料和废弃钢筋利用率。目前，通过优化核岛厂房外墙防水保护形式，1、2号核岛共计节约成本80余万元；优化施工逻辑，将1号机组内穹顶施工总层数由17层优化为10层，并对穹顶9层和10层合并浇筑，节约成本120余万元；共办理101份签证。

党员示范岗抓创新，大幅提升施工效率。与“华龙一号”各参建单位联合成立了“创新·智造”党员突击队，联合各参建单位力量开展科研交流，共同开展科研课题；创建3个技术创新党员示范岗，负责定期组织队员开展交流、研讨等，带头推动解决科研项目技术难题，保障科研项目落地。核岛队党支部设计了单侧模板加固方法、钢筋模块吊装工艺及重混凝土泵送工艺，形成了《“华龙一号”单侧模板体系施工工法》《“华龙一号”重砼泵送施工工法》等工法。主编的《核岛厂房筏基砼温度及应变监控》科技论文，获得公司科技进步二等奖。

党员进班组强管理，提升班组建设水平。实施党员进班组，党员一对一与班组结对，落实“五个一”规定动作：每周参加一次早班会，宣贯党的基础理论知识和各级重要会议精神；每周检查一次安全管理及作业环境情况，开展质量、安全红线抽查，四不伤害背诵，良好实践推广；每月开展一次谈心谈话，搜集班组意见建议，帮助解决问题；每月进行一次作业指导，开展钢筋绑扎、模板加固体系及模板安装、拆除工艺流程等针对性培训；每双月走进一次班组宿舍，检查卫生、消防情况。通过上述措施提升了班组安全意识和人员技能水平，有25个班组获得上游单位颁发的安全生产先进班组荣誉，并已累计帮助班组解决反馈的现场饮水点少等30余项问题。

多维度搭建核电维修“党建共同体”

中国核工业第二二建设有限公司核电维修公司本部党支部

一、品牌建立背景

中国核工业第二二建设有限公司核电维修公司以各运行核电厂为主要服务对象，现承接秦山核电一厂、红沿河、防城港等 6 个核电厂 16 台机组土建维修任务及技改（新建）项目。项目点多面广，各方协调联动配合不够，难以形成工作合力。核电维修公司本部党支部积极探索党建新内涵，建立“难题共解、组织共建、发展共谋”的“党建共同体”机制，全面强化本部与项目部、业主、地方之间的联动、联建、联系，倾力打造核电维修业务“党建共同体”，形成凝聚共识、服务发展的强大合力。

二、品牌内涵

探索建立“难题共解、组织共建、发展共谋”的“党建共同体”机制，全面强化本部与项目部、业主、地方之间的联动、联建、联系，全面提升“党建共同体”战斗力，激发“党建共同体”新动能，打造“党建共同体”功能区，充分调动党员干事创业热情，激发党支部的战斗力、凝聚力和向心力。

三、主要做法及成效

（一）本部与项目部难题共解，提升“党建共同体”战斗力

聚焦项目攻关难题。本部党支部与项目部党组织在施工现场成立“秦山干法攻坚克难突击队”“冷源检修党员先锋队”“钢结构安装党员先锋队”等，重点就现场安全监管、商务结算、技术方案编制等事项实行“精准帮扶”，通过定措施、抓落实、促协调，全面助推项目管理提质增效。按照“支部作用发挥在一线，党员作用发挥在岗位”的要求，党员骨干带头认领生产经营重难点任务。面对 PX 泵房半门吊轨道防腐作业问题，创新应用氧化聚合包覆防腐蚀技术，全面保障了机组运行安全；通过引进定向转机，有效解决了污水管道老化堵塞“老大难”问题；本部党支部联合协助项目部先后顺利完成方家山 106 及 206 大修、三门 202 大修、阳江 Y106 大修等大修任务近 30 次。

聚焦技能提升难题。按照“本部党员服务一线，基层党员深入班组”的方式，本部党员领导干部带头下基层、责任到班组，发挥领导干部示范引领及“传帮带”作用，通过“领导干部上讲台”，为班组成员开展安全、技术、质量等“定制化”技能培训课程，切实提高班组成员综合素质。对于党员空白的班组，选取优秀党员与之“结对子”；结对党员针对班组每天遇到的问题或技术难题，实施“一对一”精准辅导，促使班组员工快速掌握业务知识。面对班组技能提升慢、整体工效低的问题，通过“定标准、定计划、定内容、定责任”，全面优化班组建设，细化大修工作流程，指导项目部开展班组技能比武，提升班组工作质效，红沿河钢结构班仅用一半的工期提前完成钢结构检修平台改造项目，获得业主单位土建专业首个A类良好实践。

（二）本部与业主组织共建，激发“党建共同体”新动能

围绕助力项目建设。本部党支部与秦山核电采购管理处开展党建业务联建，为秦一厂、方家山大修奠定扎实基础；与秦山核电联合开展“1+1+1+1”党员进班组活动，即“1名业主单位领导、1名参建党支部党员、1名协作单位党员、1个协作单位班组”共同到项目现场参加早班会，开展安全检查，做好技术支持，真正将共建融入中心、融入现场；与中核检修海盐分公司共同开展对标管理提升行动，形成对标提升行动成果助力项目建设。防城港核电一期UA内风雨连廊建设项目，仅用57天完成四个月的工程量，整体提前63天。昌江维修项目部仅用一半工期提前完成105大修承接鼓网液位计综合改造项目，获得业主赞赏。

围绕践行社会责任。协同防城港项目党支部，与防城港核电业主开

党支部与业主开展大修提升活动

展“暖心路灯有温度·照亮乡村振兴路”联建工作，为项目所在地社区安装太阳能路灯，切实解决夜间摸黑上下学、就医、出行等困扰，以实际行动为巩固拓展脱贫攻坚成果和全面推进乡村振兴，彰显“央企担当”。

（三）本部与地方发展共谋，彰显“党建共同体”新成效

立足交流互学。本部党支部邀请地方县委党校专家讲授党史专题党课，打造“属地红课堂”；组织党员参观当地红色教育基地，党员交流分享学习感悟，打造“研讨主课堂”；整合当地院校专家、网络平台等各类资源，引入麦塔网络学习平台，打造“线上云课堂”；与海盐核电关联产业联盟联建，参加“喜迎二十大 奋进新时代”微党课大赛，本部党员荣获一等奖；与海盐县本土企业佳乐科仪股份公司开展支部联建活动，共同探讨企业提质增效、人才培养、精细化管理等重要课题，真正实现互学共进。

立足相融互促。本部党支部围绕社区疫情防控、文明创建、交通疏导等民生实事，与海盐河滨社区开展党建联盟，实施契约化党建民生实事领办。成立党员志愿者服务队和青年突击队，组织参与包干社区志愿服务活动，深入开展"周六文明创建日"和"周二文明劝导日"工作，先后参与海盐县疫情防控排查、小区扫楼、社区志愿服务 17 次。核电维修公司作为海盐县文明创建共建单位，为当地文明城市创建复评工作贡献了"红色力量"。

“三聚焦三提升”党建促项目建设

中核华兴基础设施事业部第一工程管理部党支部

一、品牌建立背景

雪域高原，地缘辽阔，高寒缺氧，群山阻隔。2021 年 3 月 28 日，中核华兴西藏革命建设改革纪念馆项目开工建设，标志着中核华兴首登雪域高原，开启助力西藏高质量发展的新征程。

中核华兴基础设施事业部第一工程管理部党支部肩负着纪念馆项目建设任务，面对工期紧张、施工环境复杂等困难，党支部紧紧围绕上级党组织工作要求，结合项目独特的政治属性、文化属性和地域属性，建立“三聚焦三提升”党建促项目建设工作法党建品牌，有效确保项目建设质量水平，为建设团结富裕文明和谐美丽的社会主义现代化新西藏贡献华兴力量。

二、品牌内涵

“三聚焦三提升”党建促项目建设工作法党建品牌旨在聚焦“强化理论武装、党建促项目管理、关心关爱员工”三个方面，推进实现“党员担当作为意识、项目精细化管理水平、员工群众幸福指数”三大提升，促进党支部战斗堡垒作用和党员先锋模范作用有效发挥，为助推项目高质量建设提供强劲动能。

三、主要做法及成效

（一）聚焦强化理论武装，建立“两学两促”学习机制，提升党员担当作为意识

党支部严格落实“第一议题”机制，建立“两学两促”学习方法，一是聚焦项目重大意义，深入学习贯彻习近平总书记关于西藏工作重要论述，创新打造“‘每日晨读’+‘夜校讲堂’”的全天候学习模式，每日早班会由党员带头领读“习近平金句”，晚上在现场工人夜校邀请外部专家、支部党员讲授习近平总书记重要讲话精神，并结合主题党日组织学习西藏地方与祖国关系史，切实提升干部员工对项目建设重大意义的认知，提升其参与项目建设的责任感、使命感；二是通过“强核故事汇”抓手，在各项会议前组织学习企业文化理念，开展核工业功勋故事宣讲活动，并评选“最美宣讲员”，引导干部员工深刻领会“两弹一星”

精神、“四个一切”核工业精神和“强核报国、创新奉献”新时代核工业精神的丰富内涵，进一步提升干部员工敢于担当作为、投身伟大事业的坚定信念，为项目平稳推进提供坚强思想保障。

（二）聚焦党建促项目管理，建立“点线面”项目管理工作机制，提升项目精细化管理水平

党支部围绕项目高质量建设这一中心任务，建立起以党员质量监督岗为“点”、党员进度突击队为“线”、党员安全责任区为“面”的“点线面”项目管理机制。一是在现场质量管控难度较大的区域设置党员质量监督岗，党员干部每周开展质量巡检，并将发现的质量缺陷与施工班组直接沟通解决于现场。党支部在地基、高中庭板、装饰装修等分部分项工程建立党员质量监督岗5个，攻克质量缺陷110余条，确保项目质量全面受控，该做法在西藏自治区党委班子成员调研项目期间获得高度认可。二是在现场进度压力较大的施工高峰期，成立“党员进度突击队”，积极落实“突击队员跟踪服务制”，通过项目进度管控联络群，实时掌握项目进度，结合倒排施工计划、分解节点任务、制定激励制度等措施，全面提升建设进度，助推纪念馆项目提前实现主体封顶重大节点，在雪域高原上创造“华兴速度”。三是严把项目安全环保关口，将项目划分为5个责任片区，为每个片区配备1名党员干部和2～3名青年骨干，相应党员负责承担责任区内安全早班会、安全隐患排查治理、安全知识学习等工作，并为责任区内施工管理人员、班组工人提供定制化、专业化的指导服务，针对薄弱环节进行专项辅导，切实提升责任区内全员安全环保意识，助力项目以总分第一的优异成绩获评“西藏自治区建筑施工安全文明标准化工地”。

（三）聚焦关心关爱员工，建立员工代表恳谈月例会制度，提升员工群众幸福指数

党支部紧紧围绕“幸福项目部”建设要求，建立员工代表恳谈月例会制度，邀请藏族管理人员和藏族班组代表参与到会议中，参会双方围绕管理建议、实际困难两个方面进行提问答疑，将收集到的员工群众建议和难题进行梳理汇总，逐条跟踪落实，针对在现场设置高反休息室的要求，建立员工休息室，并为员工群众免费提供氧气罐、饮用水、红景天等物资，针对少数民族员工饮食需求，联络招聘藏餐厨师丰富菜品花样，项目先后召开恳谈会7次，为藏族员工解决实际难题20余条。同

党支部组织开展各民族员工文化交流活动

时，党支部系统梳理项目岗位和任职要求，在满足任职条件的情况下，吸纳藏族大学生和藏族产业工人参与项目建设，积极为当地居民提供就业岗位，进一步提升全体员工的获得感、幸福感、安全感。因员工关怀工作成效卓越，项目更是荣获“西藏自治区工人先锋号”表彰。

中核华兴基础设施事业部第一工程管理部党支部“三聚焦三提升”党建促项目建设工作法党建品牌，切实提升了党建与项目建设深度融合成效，激发了项目团队“缺氧不缺精神、艰苦不怕吃苦、海拔高境界更高”的团队精神，为“老西藏精神”赋予新时代的内涵，品牌特色做法先后被收录至国务院国资委党委、中核集团党组党史学习教育简报中。

党员进班组 先锋见行动

中国核工业二三建设有限公司防城港项目部电气队党支部

一、品牌建立背景

防城港核电二期3、8号机组电器仪表安装关系着创点和系统移交双重施工任务，同时也伴随着工期紧、任务重、华龙新堆型经验不足等不利因素。为确保完成全年任务目标，电气队党支部坚持“围绕中心抓党建，抓好党建促生产”，将班组作为精细化管理的“前沿阵地”，用好“党员进班组”这个有力抓手，激发班组这一价值创造基本单元的活力，进一步提升施工效率。

二、品牌内涵

电气队党支部坚持“主动出击、主导推进，一个团队、一个目标”的工作原则，以有利于施工生产为出发点，以党员联系班组为基本载体，通过开展协同攻坚等活动，将支部工作覆盖到安全质量、班组建设、人才培养、精益改善等方方面面，充分发挥党支部战斗堡垒作用和党员先锋模范作用，着力打造一支“结构优、质量优”的产业技能人才队伍，致力于在项目建设中创造价值，检验电气队党支部的工作成效。

三、主要做法及成效

进现场，确保施工产能创新高。按照项目部《党员联系班组实施方案》要求，为每个班组配备 3 名联系帮扶党员。联系党员通过巡检、参加班前会班后会、走访和谈话等形式，了解班组思想状态、工作和生活情况及存在的问题，帮扶和指导班组施工。电气队党支部通过党员进班组累计开展共建活动 216 次，为班组解决重难点问题 185 项。在党员的带动下，共完成施工点数 4033545.70 点，电缆敷设完成 2849.07 公里，里程碑累计完成 56 个，申请专利 5 项，创新成果 33 项，保证了 3 号机组的冷试及热试里程碑如期实现，工作成果多次得到业主单位表扬。

助攻坚，推动班组战斗力再提升。对下阶段的施工重点及注意事项进行前瞻性分析，增强施工问题排查的预见性。党支部设立“电气队精益改善推进作战室”，根据施工进度主线，推动班组开展创新工装成果应用、精益流水线和 5S 示范施工区创建，为各施工环节创造了有利条件。对于紧急尾项及工作票，电气队党支部秉承“及时处理不过夜”原则，

党员在班前会讲解施工注意事项

协调班组第一时间落实工作任务，2022 年 3 号机组热试期间，党员带领班组配合调试处理紧急工作票 628 张。IED 安装晚强班组带领组内员工克服高温酷暑、工期紧张、任务量大等不利因素，历经一周的昼夜奋战，圆满完成了 3 号机组 DCS 主控室照明安装工作，为 DCS 主控室电气设备安装及调试创造了有利条件。电气设备安装薛成峰班组，对设备运输环节提前演练，克服吊装运输高风险，经历 3 个多月的艰苦奋战，圆满完成了 533 台电气设备的安装，实现了电气系统 42 个子项的全面移交。

建队伍，助力员工赋能新发展。党支部对班组成员开展全周期教育培训，选派具有丰富施工经验的优秀党员上讲台，通过项目部“华龙育才学院”和电气队党支部“新兵训练营”，对新入场员工开展各项施工技能强化培训和安全质量宣贯。坚持常态化技能提升行动，组织班组间开展主题交流会、领导安全授课、优秀班长座谈会、班组建设经验分享会、优秀班组工具房观摩、师带徒培养等活动，多维度加强班组建设，不断提高队伍整体实力及战斗力，近两年培养合格班组长 179 人。各班组的新生力量已快速形成战斗力，成为一支“结构优、质量优”的产业技能人才队伍，持续为后续“华龙一号”同堆型项目孵化优秀技能人才。

举办师徒协议签订仪式

抓闭环，推进提质增效上台阶。将班组反馈问题列入“党员联系班组”记录表，确保责任落实到班组和联系党员，做好跟踪问效，实现闭环管理。每季度开展党员及班组进度、质量、安全考核，对考核结果张榜公示，既提高了班组解决问题的主动性和业务能力，又形成了相互监督、相互推动的良好氛围。党支部应用工种细分管理手段，将电气专业16个工序进行细分，依据班组人力需求建立人员配比金字塔模型，调整班组人员结构，优化施工组织模式，使施工人力资源达到最佳配比。践行“精益化、自动化、数字化”施工理念，指导班组在施工中应用新工艺、新工装，推广材料运输爬楼小车、可移动小型锯床、设备运输防倾倒装置等设备，建立起15条精益流水线、13个5S示范施工区，有效降低了人工成本，班组施工效率提高50.6 %，为后续同堆型项目的精益施工提供了宝贵经验。

重激励，强化先进典型作引领。强化考核结果运用，优先推荐考核优秀的班组和个人参加项目部每季度“5S”先进班组、安全质量先进班组评选，对先进集体和个人张榜公示。建立党员积分制度，对班组帮扶中表现突出的党员给予一定积分，并据此评选优秀党员，每季度在支部大会上予以通报表场，进一步发挥榜样的引领作用。

实施“三力”提升工程 打造创新“新高地”

中核检修有限公司昌江分公司第二党支部

一、品牌建立的背景

海南工业基础薄弱，存在人员、技术、设备、合作伙伴等各方面的显著困难，海南核电目前投运的1、2号机组承担了海南全省超过三分之一的电力供应，核电机组平稳高效运行是海南经济建设和社会民众生活的基础条件。中核检修昌江分公司主要负责投运机组核岛日常检维修和换料大修工作，是核电机组安全平稳运行的重要保障单位，昌江分公司第二党支部为具体实施部门，存在人员最多、任务最重、接口最繁等生产实际特点，支部立足检维修一线岗位实际，积极践行“强核报国 创新奉献”的新时代核工业精神，提出“实施‘三力’提升工程，打造创新‘新高地’”党建品牌，将红色党建转化为保障运维安全的强劲动力。

二、品牌内涵

中核检修昌江分公司第二党支部“实施‘三力’提升工程，打造创新‘新高地’”是指：坚持政治引领，全力保障核电运维安全，以“组织力”培育“凝聚力”；聚焦科技创新、班组建设，推动党建与生产经营深度融合，以“组织力”赋能“生产力”；紧扣廉洁主题，紧盯职工群众身边“微腐败”，以“组织力”释放“免疫力”。

三、主要做法及成效

（一）强基固本，以“组织力”培育“凝聚力”

抓班子建设，强核心作用。选优配强支部班子，推行支部书记由行政部门负责人担任，选配具备较强工作能力的同志从事支部党建工作。

抓理论学习，夯实思想根基。始终将习近平总书记系列重要讲话、指示批示精神作为贯穿学习的主轴，深刻领悟“两个确立”的决定性意义。

抓标准化建设，严格落实党内组织生活。将精细化、标准化理念嵌入党务工作，坚持推进“五化”支部建设，严格落实“三会一课”、组织生活会和民主评议党员等制度，频次满足要求，过程规范、记录准确。设置专用集装箱作为现场党员活动室，让党员教育服务就在身边。

加强党内激励关怀帮扶，为党员过“政治生日”，增强党员的荣誉感、归属感。

抓凝心聚力，细实职工群众服务。支部党员积极发挥带头作用，在重大工程攻坚中，冲锋在前，如 104 大修风管材料和支架运输、105 大修电缆敷设端接等现场急难险重工作中，第一时间组织党员冲锋在前解决生产一线问题。在疫情防控紧张时，支部第一时间组建疫情防控党员突击队、成立疫情防控党员责任区，为隔离人员送餐、测温，开展公共区域防疫巡检、卫生轮值。还先后组织参与献血活动、海边垃圾清理、敬老院慰问、农产品帮扶定向购买等活动，服务好职工群众，履行社会责任。

党员在 104 大修中解决运送风管材料和支架问题

（二）党建引领，以“组织力”赋能“生产力”

抓实载体，搭建党员发挥先锋模范作用平台。创建“党员责任区”“党员示范岗”活动实施中，把握“党员人人参与、突出实践特色、加强分类指导、注重活动实效”的四个基本原则，结合岗位职责设置“党员责任区”“党员先锋岗”。优化党员管理，依托具体业务创新党员作用发挥载体，突出实践特色。支部党员获得国家、省部级荣誉 16 项，专利 18 项。其中，党员吴德良负责的某 QC 小组成果在 2021 年获得中南六省 QC 小组成果一等奖、集团公司二等奖；其主导的某装置研发获 2021 年度上海市电力行业科学技术协会、上海市电力工程行业协会技术创新成果一等奖。

强化“四个突出”，做实党建联建。突出广泛参与，与驻地兄弟单位、业主单位常态化党建联建，将党建工作同重难点工作相促相融，先后组织党建联建 10 余项，涉及业主单位 8 个业务处室，覆盖支部主要班组、支部全体党员。突出管理创新，按照 PDCA 项目化管控党建联建项目，提升党建和业务管理质量。突出取得实效，支部牵头组建电气、仪控等多支联合党员突击队，助力 204 和 105 大修先后刷新本基地大修工期纪录。突出服务重点，针对制约大修难点，开展“防人因失误培训提升”联建项目，优化人员出场流程、减少待工成本；开展“核护 105”联建项目，实现 204 大修阀门检修剂量降低 40.31 %；开展“大 V 双认证规程提升”联建项目，完成全厂 37.9 % 的 SPV 设备规程升版。

强化党建 + 班组，带动现场整体提升。一是扎实开展“我为群众办实事”实践活动，推动为班组成员配置电教场地、设备，持续完善班组理论、实操教材，搭建起职工群众学习充电提供平台。二是推行党员进班组，开展党员一对一联络质量安全后进员工或重点关怀员工，以日常联络引导思想动态，以现场跟踪强化技术技能培养提升，通过党员示范带动作用引领班组人员技能水平、行为规范整体提升。

（三）正风肃纪，以“组织力”释放“免疫力”

严格落实党风廉政和反腐败工作。一是常态化组织关键岗位人员签订廉洁从业承诺书、家庭助廉责任书。二是强化企地联动，营造廉洁文化氛围。用好属地资源，定期邀请地方纪委讲授专题党课、参加廉洁主题庭审旁听、举办书画展等活动。三是强化身边“微腐败”防治。聚焦职工切身利益，常态化开展关键岗位人员自查，党员、入党积极分子不定期抽查涉及职工切身利益分配事项，杜绝身边“微腐败”发生，营造风清气正的干事创业环境。

硬核检修 坚实堡垒

中核四川环保退役治理公司项目三部党支部

一、品牌建立背景

中核四川环保建成投运了国内第一座玻璃固化工程、国内第一条桶外搅拌水泥固化线的工程，退役治理公司项目三部党支部肩负着以上两项重点工程的检修和维护任务。面对诸多技术瓶颈和难题，该党支部通过创建“硬核检修 坚实堡垒”党建工作品牌，充分发挥党支部战斗堡垒作用和党员先锋模范作用，不断推进党建赋能增效，聚合力、促生产、保安全，全力保障玻璃固化等国家重点工程安全平稳运行，全力确保国家安全。

二、品牌内涵

中核四川环保退役治理公司项目三部党支部以“硬核检修、坚实堡垒”为载体，充分发挥党建引领作用，建立“硬核响应、引促并举、匠心传承”机制，坚持“中核四川环保最大的产品是安全”，以高价值党建赋能企业高质量发展，进一步保障国家重点工程稳步推进，加快实现“以最快速度、最高效率、最优质量、干净彻底完成退役治理工作”目标，守牢国家安全底线，助推我国先进核科技工业体系建设和核工业强国建设。

三、主要做法及成效

（一）战斗堡垒“硬核响应”，保障重点工程

在玻璃固化工程攻坚克难期间，成立玻璃固化检修党员突击队，建立玻璃固化检修责任区、示范岗，党支部勇挑重担，党员迎难而上，筑牢党支部硬核堡垒。建立全天候待命备战机制，实行干部、党员、员工“三结合”，形成“一切工作到支部”良好局面。创新工作方法，干部率先垂范，党员模范带头，20余名党员骨干树牢大会战心态，建立24小时值班热线，专人值守，明确倒班制，每班都有党员骨干，确保全天候24小时都有人值守、待命备战。针对玻璃固化等重点工程“急、难、险、重”检修任务，建立“10分钟抵达现场，30分钟理清状况，50分钟提出工作建议和意见”响应机制。围绕人机料法环测，成立党员专班，做足准备，确保响应机制零延迟、零差错、零距离。建立“最难区段、最重任务”清单，实行重点任务党员“打头阵、当先锋”荣誉榜，

在发挥党员先锋模范作用的同时，展示硬核检修能力，先后完成机械检修整改22大项、106小项，全年共完成大中小修300余项，难度大、环境差、时间紧的检修任务40余项；临时检修、加工任务500余项，检修合格率100%，顺利完成了玻璃固化热试等重点工作任务，有力保障了工程重大节点目标实现。

党员骨干进行检修现场

（二）战斗堡垒“引促并举”，夯实安全基石

强化思想政治引领，坚持支部主题研讨机制。要求全体党员提前学习、积极思考、踊跃发言，建立完善领题发言、重点发言、交流发言、

总结讲话相结合的交流研讨模式，学习质量稳步提高。通过开展党史教育理论学习，支部书记微课堂，组织参观红色教育基地，以考促学，以赛促学，从被动转主动，不断凝聚思想共识。围绕安全和检修，建立“讲－安全检修、谈－检修安全”机制，以支部主题党日活动为平台，通过支部委员和优秀党员讲安全党课、员工轮流谈安全等方式，先讲安全检修的重要意义，再讲如何在检修中保证自己安全、他人安全和设备安全，将习近平总书记关于安全的重要论述和日常检修安全结合起来讲，既有理论依据，又有实践对照，逐步提高安全检修意识。建立党员“安全检修”红黑榜，加大日常检修任务中安全考核奖惩力度，对安全实践中表现优秀的员工，在月度考勤中予以奖励和表彰，营造赶学比超良好氛围，不断夯实安全发展基石。

（三）战斗堡垒“匠心传承”，打造孵化平台

建立“党建＋人才”新模式，实施党支部带党员攻关、党员带员工群众攻坚，党员员工能力素质提升、工作业绩提升，“两带两提”举措，提升党支部凝聚力和战斗力。建立高级技师“师带徒”培养机制，实施横纵双向培养。针对刚入职的年轻人指定党员高级技师、签订师带徒协议书，强化思想淬炼、政治历练、实践锻炼，再指定一名高级技师开展横向技能培养，着力打造全能型技能人才。实施工匠成长计划，紧盯现场重难点问题，由公司劳模和工匠牵头，成立专项攻坚团队，设立劳模工作室，开展工作室演练和现场实操，解决检修技术难点，玻璃固化项目获得10余项技术革新，水泥固化获得6项国家专利，TBP项目实现1项重点设备技术改造。打造工匠孵化平台，以劳模工作室为平台，开展理论培训和实操培训，着重提升专业知识、技能水平、创新能力。通过开展“匠心传承”工作，项目三部支部荣获第一批“四川省国防科技工业劳模创新工作室”称号，车间先后涌现出中央企业劳模吕希全、四川工匠和集团技术能手王国强、公司劳模邓波、李云波、陈林等先进党员模范，1名高级工程师和5名高级技师，党支部荣获集团公司标准化建设示范党支部等荣誉称号。

中核四川环保退役治理公司项目三部党支部通过特色党建品牌创建，进一步推进党建融入中心工作，让党员群众更有凝聚力、向心力，积极发挥党组织战斗堡垒作用和党员先锋模范作用，确保国家重点工程稳定运行，确保国家安全，展示出一座政治素质“硬核”，检修技术“硬核”，工作机制“硬核”的坚实战斗堡垒，形成了较成熟的机制、做法和经验，具有较强推广价值。

实施四项工程
打造“核运输铁军”品牌

中核清原环境技术工程有限责任公司核运输部党支部

一、品牌建立背景

放射性物质安全运输是核工业产业链中的重要环节，为保障核电站、研究堆安全有效运行，落实“最快速度、最高效率、最优质量，干净彻底完成退役治理工作”要求，并践行“安全是核工业生命线”的安全发展理念，中核清原核运输部党支部着力发挥好党建引领作用，通过实施四项工程，高效安全完成运输任务，打造“核运输铁军”党建品牌，进一步激发基层党组织新活力，在核环保产业高质量发展道路上贡献“铁军”力量。

二、品牌内涵

核运输部党支部奋力践行“强核报国、创新奉献”新时代核工业精神，创新实施“赋能工程、融合工程、担当工程、关爱工程”四项工程，全面加强自身建设，打造政治过硬、本领过硬、作风过硬的“核运输铁军”队伍，把党的领导、党的建设融入放射性物质运输业务各个环节，保障业务工作和党的建设“双促进、双丰收”。

党员突击队开展核电站装料任务

三、主要做法及成效

（一）思想引领，打造赋能工程

核运输部党支部坚持把学习贯彻习近平新时代中国特色社会主义思想贯穿组织生活的全过程各方面，以“三讲三进”模式为铁军建设赋能强基。以“党课开讲啦”为抓手，积极开展“党支部书记联系实际讲 + 业务骨干交流互动讲 + 先进典型以身示范讲”，有力有效推动“分管领导进基层、支部班子进班组、党员骨干进一线”，实现了以学促工程，以工程凝聚思想的干事创业氛围。创新“主题党日 +”模式，开展“主题党日 + 对标先进”“主题党日 + 技术大比拼”等活动；以主题党日为载体，开展“党建 + 安全保密从我做起”“党建 + 项目管理我来说”“党建 + 疫情防控急先锋”等多种形式的活动，从思想认识、专业技术等方面全面赋能铁军建设，核运输部党支部先后涌现出了集团金牌青年突击队、劳动模范、青年岗位能手等先进集体和先进个人。

（二）汇聚合力，打造融合工程

核运输部党支部以党建促融合，找准党建与业务融合的切入点，结合项目特点，与运输上下游单位积极开展“联学联建”促“联合攻关”。针对放射性废物运输问题，与某院退役中心、某工程所等单位党组织开展“核聚红心”党建联盟，实施技术骨干上“前沿”方式，攻克项目难题，凝聚各方优势，全力推进地区环境治理安全任务。与相关单位联合开展 QC 小组活动，针对容器研发、运输组织等，提出了有效的解决手段，进一步夯实放射性物质运输保障能力。

（三）亮剑赋能，打造担当工程

放射性物质运输外部接口多，审批流程复杂，关键环节一旦滞后会造成运输任务延迟。针对急难险重任务，核运输部党支部敢于“亮剑”、勇于“亮剑”，成立党员突击队，实施“党员亮身份”“艰苦奋斗我先行”“技术攻关最前沿”的工作方略，攻坚克难，助推项目提质增效。在某特种物质运输项目中，支部书记带头冲锋在前，党员技术骨干合力攻坚克难，针对容器设计、制造取证、政策审管、运输组织等关键流程，落实“一专业一对接、一业务一跟进”工作原则，逐项签订“军令状”，用铁的纪律、铁的作风保障项目的顺利完成，得到了上级部委的高度评价。多年来，核运输部始终保持安全运行记录，完成了千余组核电站及研究堆乏燃料组件运输，有效解决了核电站、科研院所和核技术利用单位的环境风险和安全隐患，用实际行动彰显“核运输铁军”的责任与担当，让党旗在项目一线高高飘扬。

（四）用爱筑家，打造关爱工程

面对繁重的工作任务，核运输部员工“5+2”“白加黑”是“家常便饭”。支部为塑造提升员工的“归属感”“幸福感”，积极开展EAP员工关怀计划，加强心理疏导；成立关爱小队，对员工因病住院、婚丧嫁娶、家庭困难等及时送去慰问关怀。面对多地频发的新冠肺炎疫情，为了保障运输安全，所有人员吃住在车队，支部多次开展“夏送清凉”“严寒送温暖”“生活医疗物资到员”等工作，组织制定大到帐篷、睡袋，小到驱蚊药、暖宝宝，细到“吃喝拉撒”专项保障方案，及时采购保障物品，让一线员工感受到“大家庭”的温暖，提升了“核运输铁军”“软实力”。

中核清原核运输部党支部以“核运输铁军”党建品牌为承载，扎实打造四项工程，不断深化党建与业务融合互促，为放射性物质运输事业发展注入“加速剂”，用“红色引擎”激发强劲动能，以实干彰显使命担当，让党旗在核环保产业高质量发展征程中高高飘扬。

“红色核动力”打造海外核电示范工程

中国中原对外工程有限公司卡拉奇项目现场党总支

一、品牌建立背景

中国中原对外工程有限公司总承包的卡拉奇核电站K-2/K-3项目两台百万千瓦级“华龙一号”机组，是巴基斯坦国内目前最大的核电项目。该项目采用我国自主研发的第三代压水堆核电站技术，是中国实施“一带一路”倡议和“中巴经济走廊”的重要成果，是中国“走出去”战略的标志性工程，也是中国高科技和高端制造业走向世界的“国家名片”。中国中原对外工程有限公司卡拉奇项目现场党总支

（以下简称现场党总支）结合工作实际，不断做细、做实党建工作，以党建引领推动“华龙一号”海外首堆示范工程建设工作。

二、品牌内涵

巴基斯坦社会制度和政治体制与我们国家存在着差异，宗教信仰和风俗习惯也各不相同，此外，艰苦的工作环境也导致海外党建工作的开展步履艰难。面临着种种困难，现场党总支弘扬“两弹一星”精神和核工业精神，带领现场各参建单位党组织团结协作，引领全体党员干部发挥先锋模范作用，进而激发每名党员群众的工作热情。“红色核动力”，其中“核”即代表了我们所从事的事业；也代表着传承核工业精神，是我们扎根海外开创核电事业的内在动力；也是指现场党总支通过“核”的引领作用，引导现场所有员工万众一心、挥汗如雨、彻夜奋战的力量，即为“红色核动力”。

三、主要做法及成效

（一）成立党建联建联合委员会，加强全现场组织领导

为了推动海外党建与工程建设深度融合，K-2/K-3 项目现场成立了由总承包单位及各参建单位党组织组成的党建联建联合委员会（简称联合委员会）。联合委员会的定位是创新海外党建与工程融合模式，确保 K-2/K-3 核电项目按计划顺利推进，激发项目现场基层党组织战斗堡垒作用和党员先锋模范作用，稳定人心、凝心聚力、攻坚克难，促进工程安全优质有序推进。

联建委员会建立了五项工作机制，包括会议机制、汇报机制、评价

机制、经费保障机制和制度保障机制。工作机制的建立，明确了工作委员会的工作形式、工作要求、资源保障等问题，确保了联建委员会工作富有成效的开展。

通过联建委员会的组织，在海外首堆工程现场形成了包括建设方、设计方、施工方、监理方在内的价值共同体，直接将工程参建单位融合为一体，实现了资源有效共享，增强了整体合力，遇到困难问题共同处理解决，在保证施工安全质量的同时，加快了工程进度，提升了工程实效。

（二）建立激励考核机制，激励党员发挥先进带头作用

为了引导党员干部深入基层一线发挥先锋模范作用，联建委员会组织建立了一套激励考核机制，对党员发挥先进性的情况结合项目具体工作内容进行激励考核。考核内容包括政治思想引领、班组安全质量管理、问题协调处理、现场服务四个考核维度，评价方法由党员本人进行自评、所进班组进行评分、再由支部书记多方面了解情况后进行综合结果考评，并将考核情况及存在的问题反馈至党员，考核结果作为本单位党组织和联合委员会评优评先的重要参考。采取多种方式引导党员亮身份、履职责。对现场党员统一在安全帽上粘贴联合委员会制作的党员标识，让党员做到“平常时候看得出来”。评价情况通过党建联建工作月报、党建电视频道、现场大屏幕、现场展示板等载体进行集中展示，引导党员强化党的意识、党员意识、责任意识，引导党员做到“关键时刻站得出来”。

建立考核机制，进一步确保项目现场基层党支部战斗堡垒作用和党员先锋模范作用的充分发挥。在广大党员同志的不懈努力下，K-2/K-3

党员领导干部带头开展夜间值班，抽查动火作业点

项目建设取得了一个个傲人成绩：成功实施主设备预引入，21 天之内完成了所有主设备吊装就位；创新采用水平预应力上下双平台施工，6 个月完成预应力张拉，创造了“华龙一号”堆型预应力工程施工最快纪录；强化严细管理，不断追求卓越，实现了项目建设全周期 2958 天安全生产无事故的业绩。

（三）成立政治工作组，合力抗疫情提升凝聚力

正当项目进展到关键的时刻，肆虐全球的新冠肺炎疫情也向 K-2/

K–3 项目无情的袭来。为了减少疫情对项目建设的影响，同时缓解现场员工因为疫情带来的紧张、焦虑情绪，在联建委员会的领导下成立了政治工作组，负责员工思想动态掌握、解决员工关心问题及舆情管控。

政治工作组定期召开例行会议，对现场疫情防控工作进行通报，并对出现的问题进行沟通解决。因此，确保了项目现场信息通报渠道通畅，员工能在第一时间得到现场防疫工作进展情况和取得成效。通过政治工作组正面宣传与引导，缓解了现场员工的紧张情绪；并通过线上线下的一对一谈心谈话活动，掌握员工思想动态；同时，在政治工作组的领导下，加强了后勤生活保障，并尽可能的丰富了员工业余生活。

“四化四心”打造“实保铁军树范工程”

西安中核核仪器股份有限公司智能楼宇与安全技术党支部

一、品牌建立背景

西安中核核仪器股份有限公司是中核集团核电装备制造重要企业，依托 53 年核探测技术优势，打造出核辐射监测系统、火警消防报警、智能安防及通信系统等主导系列产品，成为国内知名的核仪器仪表制造商和集成商。

中核西仪智能楼宇与安全技术党支部（下文简称“党支部”），这支平均年龄 35.5 岁的年轻团队，他们承担着众多核电、核设施等国家重点项目实物保护系统的安装、调试、运维及服务任务，从西部戈壁到南海之滨，承接的工程项目遍布祖国大江南北，以不怕吃苦、敢打硬仗的优良作风，完成“秦山二扩”“田湾3/4”“华龙一号”等多个精品项目，打造了实保领域的树范工程。

二、品牌内涵

党支部积极践行中核集团“安全是核工业的生命线”核心价值观，围绕重点工程项目建设，以支部为“头”，以驻外党小组为“翼”，以各核电核设施项目现场为基本单元，把党的建设融入弱电工程管理的各个环节，通过“四化四心”，形成党支部围绕中心精准发力的“施工图”，打通从“最初一公里”到“最后一公里”的全链条项目服务保障体系，搭建起坚强有力的组织体系，为实物保护系统安装、调试、运维及服务提供示范样板工程，锻炼出一支敢打硬仗、凝心聚力的优秀团队，成为服务核事业安全发展、保障重点项目全过程安全运行的“实保铁军”。

三、主要做法与成效

党建引领，以支部标准“四化”，筑牢“最初一公里”。建立健全制度，推行党员积分制，规范组织生活，激发党员活力，做到基本制度系统化；发挥支部书记“头雁”作用，加强支委履职能力建设，优先将一线项目负责人吸纳进入党员队伍，保证基本队伍优质化；设立党员活动室、统一项目驻地标识标牌，树立以党员示范岗、党员突击队为标杆的示范载体，推进基本阵地特色化；制定“树范工程”品牌建设实施方案，明确创建标准和实施路径，项目部根据方案制定行动项，保证基本行动规范化。各项目现场以党员为先锋，成立“党员突击队”“党员示范岗”，在项目现场“领头羊”的带领下，形成党员带头、奋进担当的浓厚氛围，多名一线负责人被评为中核浦原优秀员工、青年岗位能手，为工程现场注入了勃勃生机，也为中心工作提供了源源动力。

标准看板，树范立标，稳步跑好“中间段”。针对项目一线共性难点问题，党支部建立共享机制，以党员带头探索，总结优秀项目现场团队经验，形成标准流程，推广运用到各项目现场。以阳江项目现场“十兄弟QC党小组”为样板，编制《项目现场应急管理手册》，明确现场调度、一线班组、抢修基地等人员职责和岗位分工，固化应急处置“应该做什么”“应该怎么做”“如何做得好”的规定动作，推进党建与项目现场安全质量相融合。阳江质量QC小组的经验做法被推广运用到其他项目部，取得良好成效。依托R项目党小组施工现场项目部对施工现场状态监测、线上线下巡检巡查等操作进行优化，建立标准化的应对举措和反馈流程，对项目进度做到精准把控。通过覆盖实保工程全生命周期的，建立起核级标准的主心骨架和流程规则，推动安保项目团队整体能力建设，保证了各项目现场任务的圆满完成，取得良好效果。阳江实保项目小组凭借高效、专业、全面的服务，获评集团公司2020年度质量管理小组活动成果评审三等奖。党建保障，项目有了“主心骨”，团队有了“强心针”，党支部凝心聚力的优势充分发挥，“树范工程”的一致性与先进性得到充分彰显，打造出“一个项目现场一个特色”的党建新格局。

党建塑魂，暖心工程，打通“最后一公里”。实保安防施工处于核电核设施工程项目建设的后期，对时间进度和安全质量要求高，施工周期受到土建进度限制，常常节点紧、任务重，执行人员压力大、责任重。党支部以“四心”文化、暖心工程，拉近项目一线与公司内部的联动协作，打造和谐一体、团结奋进的“实保铁军”队伍。党支部以打造“同心”文化，引导员工为公司发展建言献策，凝聚共识；以打造“暖心”文化，对一线员工家属开展常态化慰问，体现组织关爱；以打造“守心”文化，关注现场采购、项目分包、招投标等廉洁风险点，树立风险意识，提前做好防范；以打造“聚心”文化，举办劳动竞赛、名师带徒等，为青年员工成长成才提供平台；开展“奋进新征程、建功新时代”经验分享活动，通过挖掘身边典型，宣传身边党员先进事迹，树立起“实保铁军”的良好形象，以高质量党建引领保障高质量发展，取得良好业绩，赢得良好口碑，树立起以党建引领促中心工作的良好示范，为推动中心工作有效完成提供坚强组织保证，发挥出巨大作用。

对“华龙一号”海外首堆巴基斯坦卡拉奇核电2号机组实保系统进行极限测试

以“五有”理念为抓手 汇聚“医”线红色力量

核工业四一六医院门诊三党支部

核工业四一六医院自1911年成立时起，便以“呵护生命、精业成医”为己任，经历苏州、内江、成都三代人的建设，发展成为集医、教、研、管、防一体的三级甲等综合医院。为进一步做好窗口工作，门诊三党支部紧密围绕医院“十四五”发展规划，以“五有”理念为抓手，汇聚“五个力量”，夯实支部工作基础，推进党建与业务深度融合，积极构建和谐医患关系，为实现医院高质量发展及取得抗击新冠疫情阶段性胜利作出了重要贡献。

一、品牌建立背景

“全心全意为人民服务”是党的根本宗旨，“以患者为中心，提高患者就医体验感、获得感、安全感”是门诊三党支部的初心。“人民至上、生命至上”。作为医者，除了医术以外，面对如何才能提高患者的就医体验、如何把健康送到老百姓家里、如何把服务暖到老百姓心坎里，门诊三党支部不断探索，克服医院用地紧张、疫情防控压力大、人手不足等诸多难题，充分发挥党建引领作用，用心、用情服务，以精湛的现代医疗技术服务患者，呵护人民群众的生命健康，争做时代先锋，助力“健康中国”建设。

二、品牌内涵

坚持党建工作与医疗服务“一盘棋”，以“五有”理念强化医院特色，在组织生活和政治学习中延伸服务方向，为医院“窗口”擦亮底色，打造“‘医’心向党‘核’力为民”支部品牌。同时，党员与群众“一条心”，医生与患者“零距离”服务，党支部与党员“零距离”沟通，党员与员工群众“零距离”带动，汇聚“五种力量”，推动创建政治过硬、善于学习、组织有力、聚力共建、服务群众、遵规守纪的党支部。

三、主要做法及成效

（一）思想有高度，为支部建设提供强大精神动力

坚持思想建党，突出思想政治建设。坚持把习近平总书记最新重要讲话和重要指示批示精神作为支部“第一议题”学习内容。深入学习习

近平新时代中国特色社会主义思想，扎实开展“不忘初心、牢记使命”主题教育、党史学习教育，严格落实“三会一课”制度，创新学习形式，既通过主题党日、党史朗读分享会等载体与线下方式开展学习，又结合实际督促党员参加“学习强国”“共产党员”公众号等线上学习，持续推动党内学习教育从集中向经常拓展，从“关键少数”向全体党员延伸，使每个党员在思想上不断进行检视、剖析、反思，不断去杂质、除病毒、防污染，筑牢信仰之基、补足精神之钙、把稳思想之舵。

（二）队伍有力度，为支部建设提供强大组织活力

创建党员示范岗活动，成立党员突击队、青年突击队。支部所有党员、团员争先亮身份、树形象、做表率，党员同志发挥模范带头作用，争做急先锋、勇当排头兵，形成在急危难任务时“我是党员我先上”的

进驻封控小区核酸采样

良好氛围。同时，支部定期开展“三基”训练、技能培训等学习活动，不断提高医疗技术水平和服务能力，出色地完成了各项工作任务，尤其是新冠肺炎疫情防控工作期间表现突出，锻造了一支政治过硬、本领过硬、素质过硬的优秀队伍。

（三）引领有温度，为支部建设锻造强大服务能力

开展“我为群众办实事”活动。针对门诊容量小、患者等候时间长等问题，支部用精益管理模式，坚持以问题为导向，不断强化门诊服务能力建设，进一步优化就诊流程，加强门诊信息化建设，门诊服务能力较之前明显提升。预约挂号时段精确到30分钟内、智能二次报到系统投用、增加实时查询及信息推送、完成门诊采血流程再造，医院微信公众号实现核酸检测项目快速缴费，门诊病历、疾病诊断证明电子化等，多措并举提高诊疗效率，切实解决了群众关注的热点难点问题，极大地提升了患者的满意度。

设立绿色通道。为老年人、残疾人等特殊患者就医开设绿色通道、优先窗口和综合服务点，提供咨询、引导、辅助等综合服务。特别针对无陪护的老年、残疾患者提供专人全程陪同就医服务，让特殊患者全程感受到关怀、关爱。成功创建成为四川省老年友善医院。

（四）担当有态度，为支部建设提供强大冲锋引力

抗疫冲锋在前，有呼即有应。疫情期间，全体党员舍小家为大家，义无反顾投身到医院抗击疫情的最前沿阵地。一是严格落实“三级预检分诊”制度，支部党员在完成本员工作之余，坚持到医院门关、感染科、急诊科、缓冲医院等“疫”线，为医院疫情防控“把好门”“放好哨”“举好盾”；二是联合社区、物业及志愿者，建立线上沟通渠道，协调门诊药房、医务人员，送医送药到封控小区，切实解决封控小区患者就医寻药难等问题；三是派出多名年轻骨干加入援沪医疗队，坚守救治一线 39 天；四是全力以赴做好核酸检测任务，本土疫情期间累计派出医务人员 200 余人次，进行核酸采样 6 万余人次，让党旗在疫情防控一线高高飘扬。

开展志愿服务，弘扬公益精神。形成“全员志愿者”文化，所有窗口部门设立志愿服务站点。近年来，支部志愿服务的方向逐步转向融合教育，为残疾儿童、特需儿童开展“同一片蓝天共谱缤纷童年”等社会融入活动，成立“朗读者”公益读书角，开设“特需儿童社交常规集体课程”，更好地帮助残疾儿童，给他们创造更为舒适的融合环境。完成成都市成华区 5000 余户残疾人入户探访，其中 400 人进行每年两次入户康复评估及康复指导，支部志愿服务项目《挺直脊梁重获新生——关注脊柱侧弯患者》获第五届中国志愿者大赛全国“金奖”。

（五）治理有强度，为支部建设提供强大风险抗力

坚持党建引领，强化问题导向，积极开展“回头看”“卫生健康行业领域突出问题专项整治”等专项活动，将专项整治工作与三级公立医院绩效考核、党风廉政建设、执行力提升等工作有机结合，保证支部党员的纯洁性，有效提高职能部门及临床科室的管理水平。2021 年支部所辖科室共收到锦旗 15 面、表扬信 27 封。近 3 年国家医管中心“门诊患者满意度调查”评分高于四川省、成都市平均值。在 2021 年度全国三级公立医院绩效考核成绩中，医院院排名无财务年报组第 18 位，位居前 10 %，成功晋升 A 级。

党建“内引外联”为科技创新插上腾飞翅膀

原子高科股份有限公司研发部党支部

原子高科股份有限公司研发部党支部成立于2018年。近年来，为不断提升公司自主研发与创新能力，积极推进科技成果产业化，研发部党支部积极探索建立党建“内引外联”工作机制，激发创新活力，凝聚创新合力，强化创新动力，不断推动产业发展迈上新台阶。

一、品牌建立背景

原子高科研发部承担放射性药物研发创新重要任务，面临放射性药物领域行业发展的严峻形势，通过认真梳理制约公司“十四五”期间科研发展的重点难点问题，提出“以党建引领中心业务、狠抓研发平台建设”的工作思路。针对“技术吃老本、产品吃老药”、新药转化周期较长、科研人才队伍发展不均衡等长期制约公司发展的瓶颈问题，在重点研发项目中大胆创新，在急难险重项目中攻坚克难，在深入群众工作中脚踏实地，不断以高质量党建引领企业创新发展。

二、品牌内涵

原子高科坚持党建工作和科研创新工作紧密结合，牢牢把握“三新一高”“四个面向”具体要求，以市场为导向，以创新为手段，以“高效高科”为抓手，以新产品上市为目标，推动放射性药物研发进展。研发部党支部建立“五讲一调研”工作机制，激发创新活力；建立“1对1”党员联系群众机制，凝聚创新合力；建立党员“攻坚克难”带头机制，强化创新动力，通过“内引外联”，赋能核技术应用产业高质量创新发展。

三、主要做法及成效

原子高科研发部党支部始终坚持创新驱动发展战略，切实把党的创新理论转化为践行高质量发展的生动实践，根据工作考核目标，在重点、难点任务中发挥党建引领示范作用，在党建融入中心工作和人才培养工作上不断涌现出优秀的创新成果。

（一）建立“科研－调研”工作机制，激发创新活力

建立“五讲”学习机制，引领广大党员在统一思想、统一意志、统

一行动上作表率。严格落实“第一议题”制度，通过支部书记带头学、集中讨论学、实地实境学等多种形式，确保全体党员理论学习取得新成效。建立支部书记讲理论、纪检委员讲廉洁、党员干部讲初心、先进典型讲事迹、业务骨干讲技能的“五讲”学习机制，结合所学内容，互相交流学习收获，正向引导党员干部增强“四个意识”、坚定“四个自信”、做到“两个维护”。定期组织学习传达党中央战略安排，以及集团公司党组和上级党委决策部署，围绕精益、质量、安全、合规等专题开展主题党日、专题党课、党建联建等特色活动，并充分利用设立党员安全示范岗、党员责任区，党员签署合规承诺等方式，把支部党建工作的谋划、引领切实体现在研发工作的方方面面，构建出党建与业务工作融合促进的双提升工作格局。

建立“对标一流”调研机制，对接战略要求，对标先进企业，全力推动科研改革创新。开展国内外优秀企业科研体制机制与成果转化模式“对标一流”调研，建立了研发创新管理体系、质量管理体系、注册转化管理体系三大体系，持续完善科研体系建设；制定“揭榜挂帅”制度，释放科技创新潜能。与中国药科大学、中科院上海药物所等建立联合实验室，加强对外技术交流，完善放射性药物科研成果转化与人才培养机制，开创“产学研用”合作新模式，不断促进科研改革创新举措落地实施。近年来，共计开展55个科研项目，主持、承担国防科工局“十三五”核能开发科研项目、国际原子能机构CRP项目、中核集团英才项目等15个大型项目，在核素制备、放射性诊断与治疗药物、放射源领域拥有核心技术专利91项（其中发明专利20项）。2021年4月，治疗用碘［^{131}I］化钠胶囊取得药品注册证书，成为自2005年以来获批的首个仿制国外已上市药品的放射性药物新制剂（首仿）品种。

（二）建立“1 对 1”党员联系服务机制，凝聚创新合力

“1 对 1”互助互学，形成共同进步良好氛围。把党员与群众结对互助纳入党支部工作学习计划，共同开展政治理论学习。不断对标高质量发展的新要求，制定业务学习“日历”，完善专业体系知识，探讨解决实际问题的方法路径，保证结对学习取得实际成效。

“1 对 1”技术支持，发挥专家“传帮带”作用。建立在学科领域有所建树的专家传经验、带新人工作机制，为研发部营造广开言路、广纳贤言、互相启发的良好氛围，促进团队成员共同进步。近年来自主培养核技术应用板块内首席专家 1 人、科技带头人 2 人、科技带头人培养对象 10 人，集团青年英才项目负责人 8 人。

“1 对 1”畅谈心声，服务联系群众“零距离”。面对支部内高级职称科研专家年龄普遍偏大且多为非党员的现状，建立党员干部服务队伍，以“一对一”谈话、“面对面”提醒、“手把手”剖析等方式，听取意见、答疑解惑、互动交流，及时关注了解专家及员工思想动态，关心员工群众生产生活，打通基层治理“末梢”。

“1 对 1”反馈声音，立说立办解决实际难题。建立向党组织汇报联系群众情况反馈机制，及时汇总群众声音。将反映诉求事项“拉清单”，采用“销项”工作方式，逐一解决实际问题，提高群众工作的针对性与实效性，群众满意度和认可度得到不断提升。在党员群众的共同努力下，2021 年 10 月，原子高科获批“中核放射性药物工程技术研究中心”；2021 年 12 月，获批“国家原子能机构核技术（放射性药物工程转化）研发中心”。

（三）建立党员“攻坚克难”带头机制，强化创新动力

对于同一时期开展的多项任务，党员带头冲锋陷阵，形成内部“比学赶超”良好氛围，确保各个研发项目高质量顺利推进。根据工作需要，分别在氟 [^{18}F] 化钠注射液临床试验项目、HTA-103 项目、HTA-108 项目、ND1 项目关键节点、关键阶段成立党员突击队，攻克项目推进中的难点和实际问题，实现核心技术突破，确保项目顺利实施。

HTA-103 项目组加班加点推进项目进展

“三享”机制打造创新党支部

财务共享中心党支部

财务共享中心党支部在集团党组和中核资本党委的正确领导下，坚持以习近平新时代中国特色社会主义思想为指导，强化基础党建、打造特色文化，推动党建和业务工作融合发展，形成了理念指导业务实际的“三享三型”支部品牌，使共享精于业务服务、以分享促进学习提升、用畅享推动创新发展。

一、品牌建立背景

在国家数字化转型的战略背景下，集团按照“三位一体”整体布局构建世界一流财经体系，财务共享中心作为数字化转型中心，积极对标探索建立创新型支部，培养员工数字思维和素养，充分发挥财务共享数据服务支撑功能。中心业务聚焦财务共享和商旅共享平台建设、管理和服务，服务共享单位的同时也想员工所想，做好员工职业发展规划与指导，积极为员工办实事。三年来，财务共享中心党员队伍从 4 人壮大到 18 人，需要打造一个有凝聚力、感召力、特色鲜明的党支部，有鲜明的理念作为方向指引、文化造势、业务促进、人才培养、监督保障，为中心发展提供强有力的支撑。

二、品牌内涵

党支部成立伊始就明确了“立足实际、服务中心、突出特色、打造品牌、坚持常态、保持长效”的工作定位，逐步形成“共享精服务、分享促学习、畅享推创新”的“三享三型”支部品牌，即以分享打造学习型党支部、共享打造服务型党支部、以畅享打造创新型党支部，实现“三享融入”“三型建设”，分别在业务服务、思想学习、创新实践方面实现财务共享中心发展目标，使党建融入中心工作，促进人才育成。

三、主要做法及成效

（一）分享融入员工管理，推进学习型党支部建设

建“学堂”，加深理论学习效果。建立系统讲学、集体领学、交流研学、微视频教学、精细化促学“五位一体”的学习机制，打造“政治学堂”“指尖学堂”“交流学堂”“精讲学堂”“实践课堂”，学习更深入，理论水平显著提升。办“讲堂”，提升员工精神素养。支部定期邀请核

工业老前辈以自身经历和感悟讲述“老故事”，弘扬核工业精神，赓续红色血脉。定期开展讲党课和内容丰富多彩的员工主题演讲，综合展示和提升员工能力。建立党员和骨干员工带新员工的导师制，让新员工更快融入中心团队和文化。

（二）共享融入中心发展，加强服务型党支部建设

联建共建，积极合作共赢促提升。发挥党员骨干作用，党支部每年组织对标调研和联建。与20余家国央企交流先进党支部及共享建设经验，对标促提升。与系统内相关单位开展联合党建活动，加强横向业务了解，共谋发展聚合力。与共享分中心、分部党建联建，加强纵向业务交流，推动财务共享及商旅平台建设，更好地服务共享单位。吹哨报到，设突击队、先锋岗。发挥党员先锋作用，在支持总部审计、商旅宣传、社区防疫活动中，党员冲在前，体现了党员在身边、服务面对面、

党支部攻坚克难，确保首批共享单位按期上线

不怕难与艰。三年来，中心统筹推进全集团财务共享建设，召开推动会、专题会、交流会等几百次，党建工作与业务工作“两不误、两促进、两融合”。

（三）畅享融入数字化转型，探索创新型党支部建设

立足自身定位，畅想数智化未来。党支部引领中心积极迎接数字化大潮，利用“大智移云”技术解决财务和差旅痛点，全过程精益管控，通过 OCR、RPA 等智能技术优化共享和商旅系统功能，并将业务数据通过电子大屏实现可视化。营造浓厚氛围，畅享“沉浸式”体验。组织参观多个红色教育基地，开展读书分享、演讲辩论、文艺展演、研讨联建、志愿服务等活动，组建 5 个兴趣小组，使主题党日活动更具丰富性、参与性、趣味性。创建微信公众号，打造宣传文化墙、党员风采展示墙，充分利用会议室墙面立体空间，营造氛围，强化党员意识。

在党支部的引领下，中心统筹推进财务共享和中核商旅平台建设，在共享分中心和分部的共同努力下，成员单位纳入共享比例超 58 %，处理单据 138 万多笔，超额完成“十四五”规划年度指标。商旅平台已上线单位 523 家，服务集团 5 万多员工出行，协议资源覆盖 21 家航司、40 万家酒店，协议政策节省率 6 %，“省事、省钱、省人”的效果得到认可和显现。财务共享系列创新成果收编进工信部管理会计案例集，被国资委三次报道，还荣获国防科工企业管理创新二等奖、集团管理创新成果三等奖和 2021 年度能源行业创新实践奖。财务共享中心党支部将继续在中核资本党委的领导下，不断将“分享促学习、共享精服务、畅享推创新”的“三享三型”支部品牌做精做优，实现“核工业特色、世界一流”财务共享中心的建设目标。

强“核”心·铸重器

中国核动力研究设计院设计所二室党支部党建品牌

一、品牌建立背景

二室作为国内唯一从事多用途反应堆结构研发设计的专业团队，当前正面临着繁重的工程任务和巨大的研发压力，主要表现出人员创新精力不足、创新动力不足、创新能力不足和创新引力不足四方面问题。为扎实推进新时代国有企业基层党支部建设，大力弘扬“强核报国、创新奉献”的新时代核工业精神，努力践行核动力院“一体两翼三高”新时代发展战略，二室党支部结合一线科研单位特征，科学归纳党支部职能，形成了独具特色的“强

‘核’心·铸重器”党建品牌。在此基础上，将党建与中心工作深度融合，提出“释人力、促动力、炼能力、聚引力”四项关键举措，旨在构建产品研发和人才建设双赢格局，让团队有时间、有动力、有能力、有方向去创新。

二、品牌内涵

“强‘核’心·铸重器”党建品牌的基本内涵是“四心八维”党建理念，即围绕核动力院党委“不忘初心、坚定信心、凝聚人心、融入中心”的“四心”要求，将“四心”充分融入制度基础、组织生活、前线宣传、创新活动、群众路线、人才培养、监督自律和团结共进八个维度中，通过整合协调党支部各维度功能，充分发挥党员的先锋模范效应和基层党支部的战斗堡垒作用。在与中心工作融合时，以“四心”要求为指导，从“八维”角度具体分析，构建精细化管理体系，助力高性能产品研发的创新突破，推动高水平团队建设的多元融合。

三、主要做法及成效

基于“四心八维”党建理念，构建了“强‘核’心·铸重器”党建品牌总体框架，并开展了一系列建设活动。

（一）立廉洁警示，悟建党精神，不忘初心

在监督自律上，时刻不忘对党员干部的党风廉政教育，通过结合多种有利于吸收接受的形式，开展廉洁教育每会一讲、打造廉洁教育墙、制作廉洁警示牌、廉洁教育手册、廉洁微视频等系列举措，强化员工廉洁风险意识，坚守廉洁红线。

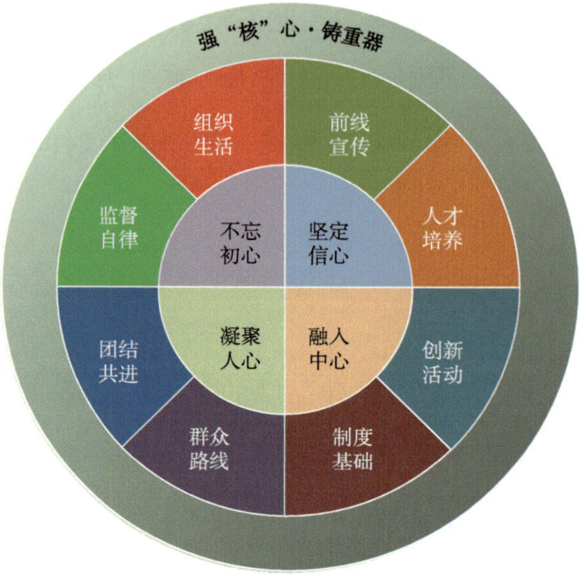

党建品牌框架

在组织生活上，结合中心工作开展内外部党建联建、前往红色教育基地感悟爱国精神、打造“拾光忆佰”特色党课勾勒百年征程、设立支部“五星党员”示范岗、邀请知名学者开展“大咖开讲了”活动等，教育引导全室员工学史明理、学史增信、学史崇德、学史力行，发扬光荣传统，传承红色基因。

（二）炼专业能力，扬正气能量，坚定信心

在人才培养上，营造良好学习环境，为员工成长“炼能力”。成立青年突击队，设立跨专业专研小组，加快攻关速度；打造室级知识库，系统梳理经验、设计、研究、培训等资料，便于知识共用；建立个性化培训交流机制，细分不同年龄、不同专业的员工学习需求，让培训内容更有针对性。

在前线宣传上，加强宣传阵地建设，在各级刊物、媒体上传播身边人模范事迹，让正能量更强劲；不断创新宣传形式，打造表情包、核科普动画等衍生文化产品，让核技术不神秘；制作科技产品模型，多次参展国际博览会、核工展等，让新产品走出去。切实营造积极奋进的浓厚氛围。

（三）想群众所想，聚内外引力，凝聚人心

在群众路线上，让党旗始终在群众心中、在艰苦一线高高飘扬。设立党员奉献日，深入贫困山区，用知识精准扶贫，帮扶孤寡老人，用担当传承中华美德；设定双月交流制，面对面关心年轻员工工作生活情况，及时调整培养方案；组成党员责任岗，点对点保障疫情防控等。

在团结共进上，内外兼施，为技术发展“聚引力”。内部加强党员先锋模范意识，引导党员主动担担子、干事业，发挥党员“一线吹哨”功能，以点带面，形成聚合力；外部围绕院所“小核心大协作”体系，把握好行业发展方向，探索外部合作模式，构建技术发展生态圈，形成吸引力。

（四）建制度体系，促创新动力，融入中心

在制度基础上，出版338份标准化制度文件，构建精细化管理体系，为技术创新“释人力”。建立技术文件标准化，对文件进行内容与格式定版化处理；实行月度精细化例会，制作统计模板，员工每天记录工作内容及想法，以月度为单位统计分析；构建员工技能与兴趣画像，结合精细化分析结果，科学优化分工。

在创新活动上，制定正向反馈措施，为员工创新“促动力”。施行全面量化积分管理，使工作贡献的衡量更加精准；建立多维绩效考核机制，将贡献与绩效直接挂勾；建立室级荣誉体系，让成员拥有荣誉感和归属感；推动技术领航者与专家团队发展计划，激活以中生代为代表的人员内生动力。

“四心”牵引和“八维”举措的有机配合为党建融入中心工作注入了鲜活能量，项目人力极大释放，创新动力充分激活，员工能力不断提升，发展引力日益增强，使得二室党支部成为了一支立得住、敲得响、打得胜的队伍。以二室党支部带领全室员工历时近十年成功研发的自主三代核电“华龙一号”反应堆设备为例，获得多项国家级奖项，相关成果多次登上央视《新闻联播》《经济半小时》等栏目。

在新的百年征程上，二室党支部将继续在“四心八维”党建理念指导下，持续优化“强‘核’心·铸重器”党建品牌建设，坚持政治引领、做实基础工作、锻炼过硬素质、勇创一流业绩，再次阔步迈向新的征程，以更加优异的成绩为国家发展贡献澎湃的核动力。

“四相协同”引领实验室高质量创新发展

中国核动力研究设计院二所重点实验室党支部

一、品牌建立背景

为全面承接落实国家战略需求，二所重点实验室以反应堆核安全技术为牵引，提出了“引领反应堆热工水力技术高质量创新发展，打造国际一流实验室”的建设目标。支部积极探索，深入落实“融入中心、服务科研”的党建目标，围绕院党委“不忘初心、坚定信心、凝聚人心、融入中心”的要求，构建了促进实验室高质量发展的“四相协同”特色化党建工作机制。

二、品牌内涵

“铸魂、强根、固本、培元”的“四相协同”特色化党建工作机制，从思想、人才、纪律、文化四个维度共同构筑支部党建融入中心的“四梁”，以建设学习型、创新型党支部，聚集实验室建设目标，全面构建创新驱动、人才优先的发展体系，打造科技创新“火车头”，实现国家、集团、院战略目标和党建新要求在基层有效落地。

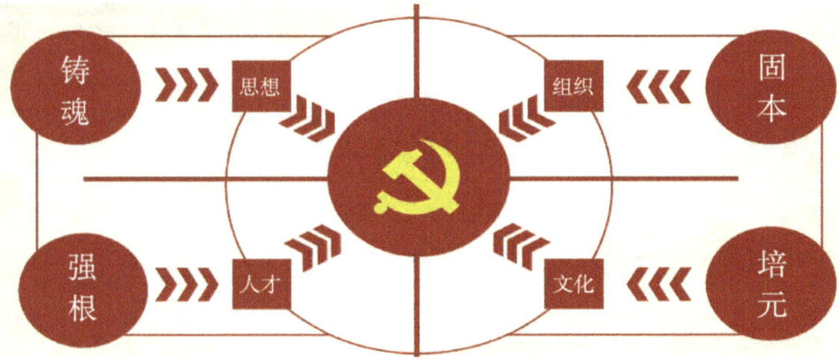

“四相协同”模式图

三、主要做法及成效

（一）“铸魂”：重学习强思想，承基因进血脉

传承红色基因和奋斗精神，党支部制定“五学、两讲、一实践、三结合”专项策划。将党史学习教育和建党 100 周年活动融合开展，集团公司党组书记、董事长余剑锋等领导亲莅支部讲授专题党课，为“科研”注入宗旨与信仰的“核动力”；组织开展“老科学家座谈会”“寻根 909”“科研故事会”“历史物件征集”等“文化印记”系列活动，将核工业精神、科学家精神和核动力院院训融入血脉，终生践行。

（二）“强根”：加强人才培养，育将帅领三军

由党支部启动“木林森”计划，构建五步成才培养机制，打造引领科技创新的“人才金字塔”。遴选10余个“种子”团队，孵化10余个“种子”方向；组织博士论坛、专业学术论坛等，为人才搭建交流平台；培养学科和专业带头人，优选“领头雁”，打造“创新特区”，建立创新激励机制。牵头“创领.未来”计划，在储能技术等10余个方向已形成专项团队，获评国家自然基金等30余项。培养出一批国家级、省部级专家人才，实验室成为核动力人才重要的孵化基地。

（三）“固本”：推动党建三化，以规矩治方圆

党支部积极推动党建标准化、流程化和信息化。以《标准化工作手册》为建设基础，量化支部10项工作指标，建立工作标准27项，构建18项支部特色工作程序。全面筑牢安全、质量、保密、廉洁、疫情防控的大安全防线，通过大安全周例会、警示教育会等增强了党员干部员工底线红线意识。

（四）“培元”：打造特色文化，聚精气奔愿景

党支部致力打造“热工水力”品牌，凝练形成“踏实、拼搏、创新、奉献”的科研精神与“开放、流动、联合、竞争”的工作理念。主办我国反应堆热工流体领域中规模最大、最具影响力的学术交流会；借助超临界合作平台，提升国际影响力；“合唱我和我的祖国”等精品活动荣登“学习强国”、集团公众号等媒体平台，与集团、院所内外多个党支部开展多维党建联建。

（五）“四相协同”：打造“科研精兵”新的“淬炼场”

党支部构建党政沟通协调机制，将支部打造成为“科研精兵”新的

"淬炼场"。聚焦首责主责主业，推动开展院级先锋队、党员示范岗、党建进项目活动；涌现出一大批优秀党员和优秀团队，保障实验室在基础研发和工程实验中不断攻坚克难，连续刷新我国先进核动力热工水力的新高度。确保了"华龙一号"等国家重大项目的顺利推进，创造"二所新速度"，推动预研、合金、热管、严重事故、数字试验等研究水平迈上新台阶。

党员突击队奋战科研一线

党支部运用"四相协同"工作机制，发挥党建引领，多措并举，创新驱动，为助力创建一流科研院所，实现集团公司"三位一体"奋斗目标贡献力量。两年来承担项目 120 余项，实现了多项革新技术的突破，形成全域型谱发展的试验研发体系。获得国防技术发明奖一等奖等 11 项、“专利授权 45 项”；高层次人才 20 人、2 个国家级创新团队；荣获全国工人先锋号等多项荣誉。“支部工作很有成效，在党的建设方面想了很多办法，提出的融入中心抓党建，很好！我们开展党的建设一定要围绕中心。”余剑锋同志作为 2019 年、2020 年党支部联系点领导，对支部的成绩充分肯定。

心有“五个一”助力主工艺

中国核电工程有限公司北京核化工研究设计院主工艺党支部

一、品牌建立背景

中国核电工程有限公司北京核化工研究设计院主工艺党支部自2017年成立以来，主要负责主工艺及其他核化工业务领域的科研开发、工程咨询和设计、技术服务等工作，承担着示范厂和中试厂完善配套等重大专项工程设计任务，以及主工艺科研专项、国家科技重大专项等重要科研任务，面对“时间紧、任务重、人员短缺”等问题，主工艺党支部配合开展“集中技术攻关”“技术人员进现场”等一系列措施。

在此过程中，主工艺党支部不断探索，推进党建工作创新开展的有益实践，充分发挥党支部的战斗堡垒和党员先锋模范作用，有效保证重大任务的圆满完成。

二、品牌内涵

主工艺党支部主要包含工艺、布置、放化分析三大专业，分为四个党小组，结合党员队伍和业务特点，建立每名党员“心有一个目标、归属一个小组、牢记一个身份、强化一项技能、心系一个群众”工作机制，旨在让广大党员充分发挥模范带头作用，在担当责任中推动核化工项目不断发展，成为行业高质量发展的领头雁和排头兵。

三、主要做法及成效

（一）心有一个目标，稳步向前不动摇

面对众多工程设计任务、大量研发进度节点，党员以身作则，冲锋在前，根据不同项目进展、不同校审级别，深入落实精细化管理，结合上级任务安排及自身业务实际，制定个人工作计划和工作目标，形成“季度计划”“月度计划”“周计划”，坚持例会制度，会上逐一汇报本周完成情况，每项任务精确到人，每个目标精确到周。针对节点层层把控，从编制完成到“师傅”校核指导，室内随时跟进指正，所内定时检查批判，定期跟进目标完成情况，保障任务顺利开展，设计质量层层提升。

（二）归属一个小组，身处何地不落伍

面对因集中攻关、派驻现场产生的党员分散问题，打破以组织机构

划分党小组的形式限制，采取多种、灵活的党组织管理方式：依据党员所在项目工作地点成立临时党小组；依据各党员当前主要工作任务，根据当前各子项不同，对部分党员党小组隶属、工作工位等阶段性调整；依托核化工院党委与河北分公司党委、西北项目部党委签订的党员协管共管协议，主工艺党支部进一步加强现场党员联系和沟通，配套建立“骨干党员带班组、党员群众进队伍”工作机制，确保每一个小组有人带领，有人负责，确保每一名党员，无论身在何地，都有一份归属感，切实增强团队整体合力和凝聚力。

党员带头现场研讨解决问题

（三）牢记一个身份，奋勇向前争先进

把共产党员的先进性体现在日常工作中，树立“把党员培养成骨干，把骨干发展成党员”与“有重担，党员主动承担”“有困难，党员冲锋在前”的党员管理理念，引导党员党员戴党徽、亮身份，不忘初心使命，危急关头能扛住，关键时刻能顶上。面对现场施工及调试的艰苦条件，党员奋勇向前，毫不退缩，连续攻克多个难题，推进现场各项工作顺利开展；面对困难，党员主动现身、主动承担，以优良党性素养、过硬技术能力，感染、带动团队积极向上争先创优。

（四）强化一项技能，干事创业练本领

聚焦党员干事创业本领，突出专业技能特长，发挥党员在核化工设计、科研创新方面主力军作用，提高党员应对“急、难、重、险、新”问题的能力。树立尊重技术氛围，推选经验丰富技能扎实的骨干党员，建立“以老带新”工作机制，定期检查培养情况；加强各专业骨干党员人才流动，重点培养“综合型”人才，不断完善专业人才梯队，让骨干成为一块“万能砖”，哪里有需要，随时都可以顶上去；吸引社会优质力量，不定期组织岗位技能培训，切实推动核化工技术向前发展，其中示范厂主工艺施工图设计党员突击队首次使用PDMS进行三维综合，并二次开发定制专用工具，进行二三维校验，实现真正意义上的“正三维设计”，大大提升了设计质量及材料清单的准确性。

（五）心系一方群众，凝心聚力一股绳

建立“一对多，一对一”结对互助机制，即一名支委对应一个党小组的多名党员，每一名党员对应一名群众，确保每一个党员、每一个群众遇到任何问题能寻求组织帮助，对于员工本人或家庭出现突发事故、重大难题的，及时通过互助机制采取相应措施，立足实际为党员群众解决切实关心的“难题”、烦心事，切实把组织关怀送到手上，不断增强员工的归属感。

“五个一”的实施，通过将工作目标阶段性分解到每个人，将中心工作统筹谋划、重点跟进、有计划落实，提升了组织力，充分发挥基层党支部战斗堡垒作用，通过建立负责人机制及多重党员身份铭牌，多措并举引导广大党员发挥先锋模范作用，争创标杆示范项目、行业优质工程；通过营造尊重技术氛围，不断推动党员群众强化岗位知识技能，提升干事创业本领，共同营造团结一致氛围，齐心协力保障专项任务顺利进行。

“核聚锋行”推进“元首工程”高质量高标准建设

中核工程田湾项目部工程管理联合党支部党建品牌建设

一、品牌建立背景

中核工程田湾项目部成立于2009年4月，先后圆满完成了田湾3-6号机组的建设，创造了中核集团百万机组核电项目的最佳建造业绩。目前，承担田湾7、8号机组和田湾蒸汽供能项目的建设任务，其中田湾7、8号机组是中俄两国元首共同见证开工的“元首工程”，蒸汽供能项目是中国首个工业用途核能供汽工程。工程管理联合党支部作为田湾项目部一线核心党支部，在工程建设中承担着先锋队、主力军的重任。

联合党支部直接承担着建造“元首工程”和核能供汽工程的重任，任务艰巨，使命光荣。结合工程现场特点，总结3–6号机组的经验做法，紧抓“一个中心”，用好“五大载体”，将党建元素融入核电工程管理实践，充分发挥总承包单位总体协调设计、采购、施工、调试的“核聚”统筹优势，创建了内涵丰富、机制完备的“核聚锋行”党建品牌。

二、品牌内涵

“核聚锋行”——因核而聚，先锋立行。践行“强核报国 创新奉献”的新时代核工业精神，秉承中核工程“聚”文化理念，立足核电工程总承包职能定位，推进党建与工程建设深入融合，先锋立行，狠抓落实，团结带领工程管理大团队，发挥技术优势、组织优势和管理优势，攻坚克难，彰显硬核实力。

三、主要做法及成效

一个中心：坚持以“建设精品标杆工程”为中心任务。五大载体：以党员突击队、党员进班组、党建联建、创新型组织、选树先进典型等五大载体为主要抓手，在工程一线开拓创新、团结奋斗。

“党员突击队”成为攻坚克难的战斗堡垒。围绕标杆工程评价指标、MKJ考核指标中的工程重点难点任务，先后组建10余支党员突击队，党员突击队冲锋在前，发挥尖刀连作用，护航重点工程建设陆续完成各项攻坚任务。“田湾5号机组保装料党员突击队”，助力田湾核电5号机组提前计划113天商运，田湾核电6号机组提前3.2个月实现商运，增加经济收益近4亿元。“7号机组钢衬里党员联合突击队”克服前期施工条件限制的不利条件，解决了钢衬里焊接技术难题，扭转了7号核岛钢衬里施工滞后局面，形成了党建、业务、宣传、后勤保障“一键式”突击队保障模式。

“党员进班组”成为一线班组的连心桥。党支部推选业务过硬、经验丰富的25名党员进驻37个重点班组，及时了解掌握班组员工的思想动态，定期分析班组工作效率情况，收集制约班组效率的问题，提出提升效率的措施。建立党员进班组信息化平台，党员利用手机软件进行问

支部党员进驻中核二三一线作业班组

题跟踪、督办，实行“首问负责制”，利用工程例会、联委会办公室会议推动问题解决，形成闭环管理。党员进班组将真切朴实的关爱传递到一线作业人员，架起党员群众连心桥，成为一线工友的知心人。

“党建联建”凝聚工程建设强大合力。坚持“小核心、大协同”理念，与业主、监理、建安单位以及中核工程其他核电项目部党支部开展党建联建、支部结对共建活动，优化资源配置，提升整体效能，形成工作合力，打破单位藩篱和界限。通过开展“委员进支部”“联合党员突击队”“卓越质安先锋队”“合力攻坚主题党日活动”等联建活动，有效促进 7、8 号机组 FCD、现场安全生产标准化一级达标等重要节点工作顺利实现。

“创新型组织”注入新动力，赋能项目高质量建设。坚持创新发展理念，打造“创新型组织”。一是提倡理论创新，形成理论成果，积极开展政研课题研究，《党建引领“绿色田湾”建设的实践研究》获得公司政研会 2021 年度优秀课题研究成果二等奖。“绿色田湾”课题研究成果为推动田湾 7、8 号机组实现“六个百分百”提供了坚实的理论基础。二是提倡科技创新，鼓励新技术应用。立足“三新一高”，聚焦精品标杆工程，以新技术为引擎，成立创新工作室，重点开展“MAG 自动焊技术”“智能化孔洞盖板研发”“BIM 信息建模”等多个新技术研发与应用，以实际行动赋能项目高质量建设。

选树先进典型，讲好田湾一线故事。坚持镜头向下、笔尖向下，聚焦一线，选树先进典型。系统策划“田湾面孔”“田湾标杆团队”“田湾党建”“筑精品创标杆”等系列宣传，塑造项目团队的良好形象。结合工程进度计划制定年度宣传计划，用生动的工程实践、鲜活的人物形象，展现田湾核电建设者攻坚克难、拼搏进取的精神面貌，有温度、多角度讲好田湾故事，传播好田湾声音，先进事迹及一线人物事迹被今日头条、集团公众号、江苏核电公众号、公司公众号、学习强国等平台转载，极大鼓舞了士气，营造了崇尚荣誉、干事创业的浓厚氛围。

党支部坚持以党建为引领，用实践创造了具有中核工程田湾特色的“核聚锋行”党建品牌，在工程建设一线走出了一条具有田湾特色的“党建+工程”深度融合之路，以高质量的党建引领保障田湾7、8号机组工程高质量高标准建设。对于发挥中核工程总承包单位统筹优势，彰显基层党组织的凝聚力、号召力、战斗力和组织力，对于加强中央企业党的领导、助力国家重大工程建设、提升基层党组织服务能力和组织形象具有重要意义。

党旗下的三废治理“铁军”

中国原子能科学研究院退役治理工程技术中心三废运行部党支部

一、品牌建立背景

三废治理处于核工业产业链末端，以其工作环境艰苦、工作难度巨大而著称。面对艰巨的退役治理任务，中国原子能科学研究院退役治理工程技术中心三废运行部（以下简称三废运行部）党支部紧密结合放射性废物治理行业发展趋势和工作特点，以锻造“拉得出、上得去、打得响”的“铁军”队伍为目标，带领全体员工在一次次“急难险重”任务中扛大旗、保节点，默默坚守在核燃料循环的末端，形成了党旗下的三废治理“铁军”品牌。

二、品牌内涵

党旗下的三废治理“铁军”通过设施运行文化传承机制、党员作用发挥“点、线、面”机制、中心任务完成政治监督机制，推动党建工作与中心任务深度融合，以高质量党建驱动退役治理任务高效率完成，为原子能院科研生产任务的有序开展奠定了坚实基础。

三、主要做法及成效

（一）设施运行文化传承机制——以拼搏为美，向行动致敬

三废运行部的成立可追溯至建院初期的1961年，是原子能院最早成立的室级单位之一。作为原子能院科研生产的保障军，61年来，这只队伍默默开展放射性废物处理工作，同时也形成了特有的设施运行文化，即“团结奋进”的工作氛围，“严谨求实、安全运行”的工作作风和“以拼搏为美、向行动致敬”的工作理念。党支部建立设施运行文化传承机制，在干部员工中内化于心、外化于行，为打造三废治理“铁军”打造思想文化基础。通过对新入职员工开展设施运行文化教育，增强文化认同；通过宣传展板、宣传标语等加强环境文化建设，营造拼搏进取的文化氛围；通过每年评选“最美运行人”“最强班组长”“最飒质保员”，选树典型人物，以点带面形成示范效应；通过组建党员带头的“热泵供货团队”“直接外运团队”“底泥回取团队”等特色团队，将设施运行文化渗入每一名支部党员和群众的日常工作生活中。2022年5月，北京市房山区突发疫情，原子能院所在地

区被封控，为保障年度废物外运任务顺利完成，在外包劳务人员无法入院开展工作的情况下，三废运行部党支部组织成立以党员为骨干的临时实施团队，在“以拼搏为美、向行动致敬”的文化传统引领下，克服了大型机具无法进场、人员紧张、操作现场持续高温等困难，在及其艰苦的环境下启动废物回取工作，为项目关键节点完成奠定基础。

（二）“点、线、面”机制——发挥党员先锋模范作用

三废治理工作更注重团队协作，党支部建立了党员先锋模范作用发挥的“点、线、面”机制，进一步树立党员先锋旗帜，进一步巩固支部战斗堡垒。从每一名党员的“点”入手，通过设立“党员先锋岗”，制定“党员登高计划”，宣传党员先进事迹等方式，使党员有目标、有方向、有动力；从每一对党员的“线”深入，通过策划“薪火计划”推行师徒制、落实党员群众“一对一”联动制等，使党员和党员之间、党员和群众之间建立了密切联系，形成“一带一”比学赶超的良好氛围；从每一组党员的“面”巩固，以任务分工为引导建立“党员突击队”，从而达到“尖刀”般攻坚克难的目的。2017 至 2019 年间，在原子能院首项固体废物回取整备任务中，由靳松、卢金辉、唐磊、孙晨、郑伯利等五名党员同志组成的“放射性固体废物处理”党员突击队面对源项情况复杂、工作任务艰巨、人员紧缺的情况，不畏艰难、勇往直前，彻底打通了放射性固体废物处理的通道。2022 年初，废物回取、废物整备、废物外运等各工作交错开展，面对各项重大节点的重重压力，该团队开启了“无休”工作模式，战严寒、斗酷暑、夺高产、保安全，为院安全隐患处置工作的顺利开展保驾护航。

党员骨干进行固体废物回取整备

（三）政治监督机制——攻坚克难“双保险”

为切实做到党建融入中心、促进中心，党支部建立中心任务政治监督机制。根据研究室中心任务制定党支部工作计划，根据中心任务节点目标制定党支部纪检委员政治监督清单，环环相扣确保中心任务高质量完成。2022 年度，三废运行部党支部承担 8 项重点项目任务 50 个考核节点，为保证各项任务顺利完成，党支部制定了纪检委员监督“节点归零”制度，针对中心工作各项考核节点，按月进行监督落实，对于滞后的工作详细分析原因并制定解决措施，循环往复，直至该项工作完成为止。面对年度计划中的120余项采购工作，支部开展了“纪检先行”工作，对重大采购风险进行防控识别和提示，同时在合同执行过程中进行联合监督检查以及“回头看”等自查自纠，进一步规范各项管理及操作流程，使生产经营依法合规。

在上级党组织的坚强领导下，三废运行部党支部将继续坚持党建引领，继续打造“拉得出、上得去、打得响”的三废治理“铁军”，努力拼搏、勇毅前行，以“铁军”品质为原子能院乃至全行业三废治理工作的持续发展作出更大贡献。

党建“1+1”助力高精尖科学研究

中国原子能科学研究院核物理研究所中子散射研究室党支部

一、品牌建立背景

中国原子能科学研究院核物理研究所中子散射研究室是我国最早开展中子散射实验研究的基地。面对激烈的竞争和严峻的挑战，如何提升核心竞争力成为研究室发展的重要命题。为此，中子散射研究室党支部对内建立人才培养机制，对外开拓党建促合作的方式方法，探索出了一条以党建“1+1”助力高精尖科学研究的方法路径，为航空航天、核工业、前沿基础研究等领域的材料研发、部件服役性能安全评估提供了重要支撑，摘取了一个个科学研究“皇冠上的明珠”。

二、品牌内涵

党建“1+1”工作法，就是建立一个科研人才培养机制激发创新活力，建立一个联建共建机制汇聚创新合力，从而打造一支高精尖科研团队，利用中子品牌的优势推动国家重大需求应用和前沿基础研究。

三、主要做法及成效

（一）1个科研人才培养机制：激发“创新活力”

中子散射研究室党支部基于科研工作对于高水平科研人员需求的特点，建立了科研人才培养特色机制。针对新员工和研究生，制定专属培养方案，指定科研骨干一对一“传帮带”，共同规划青年科研人员成长路径；针对科研骨干，制定海外研究计划，定期选派青年科研骨干赴国外科研机构开展中长期研修交流，助力提升国际视野和创新能力，团队80 %以上人员具有海外求学和工作经历；针对打造锻炼成长平台，构建二次电池全流程研发平台，2021年依托该平台产出多篇高水平SCI论文；针对学术思想自由表达与碰撞，党支部创办“中子 +X”前沿科学论坛，开展了“反应堆材料及辐照性能研究”“月球火山活动与嫦娥五号样品研究”等多个不同研究领域的学术交流活动，探索“中子 +X”的无限可能，助力团队开拓科研眼界，打破思维惯性，加速自我发展。研究室特色人才培养机制，助力打造了一支勇于创新、敢于挑战的“高精尖”团队，目前该团队现有成员28人，其中党员20人，副研究员及以上职称20人，具备博士学位20人，团队成员获评原子能院学术技术带头人、原子能院“杰出青年”和核物理所青年学术技术带头人等荣誉称号，研究室获评中央企业红旗班组（科室）、核工业集团公司重点实验室、集团公司青年文明号、原子能院卓越团队等荣誉称号，是一个名副其实的“高精尖”科研团队。

（二）1个联建共建机制：汇聚“创新合力”

中子散射研究室党支部通过联建共建架起一条与合作单位协同科研攻关的“高速路”。针对重点项目组建党员突击队，带头攻坚克难。在国家重点研发计划——“中子散射关键技术及前沿应用研究”项目中，党支部联合合作单位成立了技术攻关党员突击队，明确突击队员的责任分工，建立党建周例会制度，开展“攻坚先锋”月度评选，充分调动党员先锋模范作用，带头团队迎难而上，攻克了中子准直和聚焦等关键难点技术，实现了双聚焦中子单色器、径向中子准直器、中子双晶石墨单色器等中子光学关键部件的国产化和自主可控，解决了大部件和关键材料研究中测不了、测不清、测不准等难题。该项目研究成果入选国家“十三五”科技创新成就展。

针对长期项目建立常态化学术交流机制，激发创新思想。围绕我国高铁车轮自主创新和研发工作，与中南大学等单位建立了学术交流制度，定期举办学术交流活动，讨论合作实验方案、可行性分析以及数据分析工作。学术交流制度有力促进合作单位之间合作交流和相互促进，成功建立了全尺寸高铁车轮残余应力的中子衍射实验方法，并在国内首获其深部三维残余应力分布，获得了国内外专家的高度评价。

以党支部联学共建争取科研项目。与合作单位开展党支部之间的联学共建和主题党日活动，通过党建交流增强业务交流，拓展合作空间。

2020年至2021年，党支部与中科院国家天文台开展多次联学共建活动，确定了用中子活化分析技术测定“嫦娥五号”月壤样品的合作计划，并稳步推进和落实操作任务，顺利完成了样品的测量和海量数据分析工作，研究结果发表于国际顶级期刊《美国化学会志》，被央视《新闻30分》等栏目报道，对于加深人类对月球演化的认识，以及我国后续对月球探测与资源开发和利用具有重要意义。

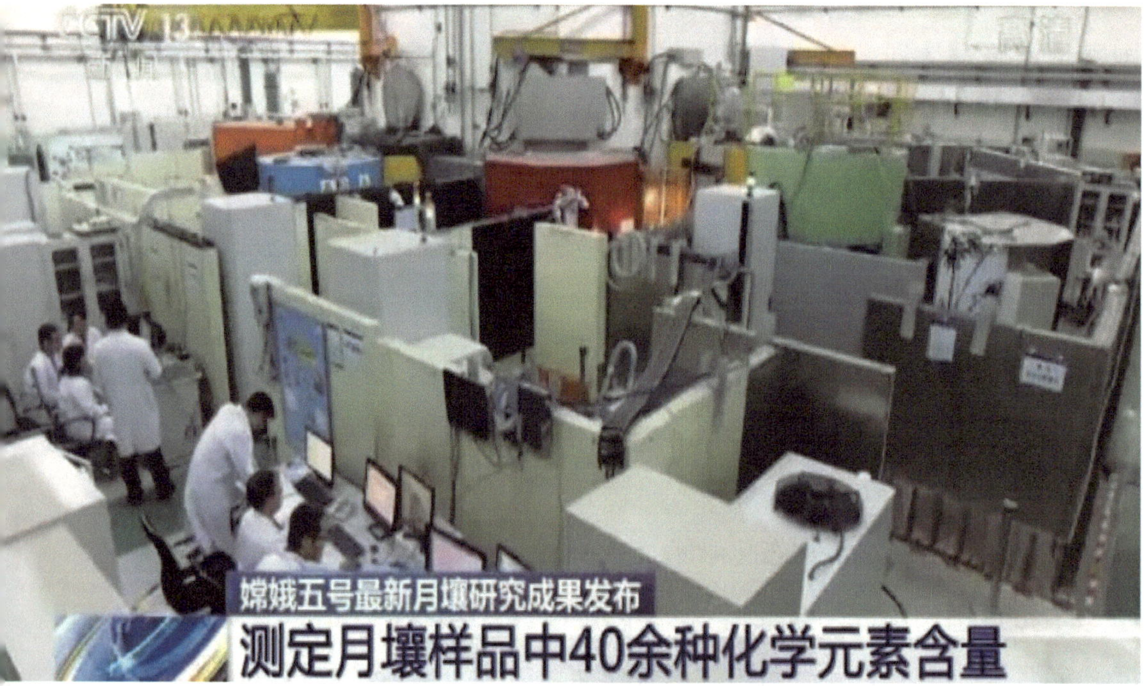

党支部攻坚克难测定“嫦娥五号”月壤组成

四十载惊涛拍岸，九万里风鹏正举。原子能院中子散射研究室党支部将继续完善党建“1+1”工作法，建设一个具有高精尖科研团队，充分发挥中子科学平台作用，推动中子散射技术在前沿科学与应用中的绽放，在新时代核工业发展中谱写新的篇章。

“三向发力”激发“红色引擎”

核工业西南物理研究院乐山基地工程技术学院学生处党支部

一、品牌建立背景

成都理工大学工程技术学院学生处党支部围绕立德树人根本任务，秉持“三个一切”工作理念，立足学生培养目标，聚焦服务学生成长成才。学生处党支部在积极探索推进高校党建工作中，坚持以问题为导向，着眼党建融入业务深度不够、党建工作特色不鲜明等问题，围绕支部建设、思政教育融合和疫情防控等三项重点工作，凝练党建特色，形成“三向发力”激发“红色引擎”工作法，旨在努力开辟高校基层党建工作新局面，燃动基层党建“红色引擎”。

二、品牌内涵

“三向发力”激发“红色引擎”工作法以创新支部标准化建设形式、创新党建与思政育人融合平台、创新我为学生办实事机制为切入点，通过切实推进支部标准化建设，有效传播思政育人好声音，扎实做好校园疫情防控工作，在支部建设中强化带动力、增强驱动力、挖掘联动力，促进学校、教师、学生动态互联，激发高校党建“红色引擎”强大动能。

三、主要做法及成效

（一）从支部标准化建设实际出发，创新“三化”形式，强化支部建设带动力

党支部结合支部建设规定动作，形成党课 + 主题党日 + 仪式教育的基层组织生活标准化模板，探索出组织生活“三化”工作机制，为“红色引擎”强化带动力。

微党课全员化。传统的讲授式党课时间长、趣味性差，党员同志参与感不强，为了化被动为主动，让每名党员参与到学习教育中来，人人都当主讲人，人人都当学习者。学生处党支部在党史学习教育中打造“党史学习 300 秒微党课”，从支部书记带头讲，到支委跟进讲，再到全体党员主动认领主动讲，让前期准备越来越精细，过程形式越来越生动，学习效果越来越透彻、理论学习“蔚然成风”。

主题党日项目化。建立“1+1+N”主题党日项目化机制，明确 1 个

主题，执行1个规定动作，自选1个创新行动，并按照“事前立项、规范操作、全程记录、事后评估”进行全流程项目化运作。例如学生处党支部开展以“重温红色历史，传承红色基因”为主题的党日活动，明确以学党史为规定动作，以路演为创新行动在校内设置7个红色站点，讲述7个红色故事，开展沉浸式党史学习教育，吸引了一大批师生驻足学习。

节点教育仪式化。学生处党支部准确抓住国庆节、建党节等关键时间节点，提前谋划教育形式，打破教育思维贯式。支部开展的国庆节“向祖国表白”“党员手写信”“祖国在心中”活动及建党节“四个一”等仪式教育，通过情感表达、庄严宣誓、政治生日、谈心谈话，提升教育的仪式感，增强党员的认同感。

（二）从学生德育目标出发，创新党建与思政育人融合平台，增强支部建设驱动力

思想政治教育是大学生德育的重要组成部分，也是提高大学生思想道德修养和基本素质的主要内容之一。学生处党支部与学生党支部结对子，构建融合机制，创新党建与思政育人融合平台，深化师生党员理想信念教育、党性党史教育内涵，为“红色引擎”增强驱动力。

在庆祝建党百年之际，学生处党支部坚持把思政育人深入基层，与“思政课程和课程思政”打好组合拳，在学生公寓打造“一楼一主题，一楼一景观”党建文化长廊，为思政育人开辟新阵地。同时，从青年教师党员和辅导员中选拔组建一支教师党员宣讲队，从优秀学生党员中构建一支学生党员宣讲团，走进宿舍、走进教室、走进操场、走入社区企业、走入中小学、走入家乡，开展“百名师生共讲百年党史”主题活动。过程中，支部间全流程互动，加强媒体融合推广，集中展示学校形象，促进理论与实践成果转化，推动校地有效联建共建，切实提升了支部建设的驱动力，真正把党建与思政育人高效融合。2022 年，党支部指导的学生宣讲团斩获四川省首届高校志愿服务项目大赛铜奖，入选中核集团“强国有我‘核’你一起”千支大学生志愿宣讲团。

发动百名师生共讲百年党史

（三）从管理服务对象需求出发，创新我为学生办实事机制，挖掘支部建设联动力

学生处党支部管理和服务的对象就是学生。面对常态化疫情防控的新形势，学生处党支部抓好党员志愿队和党员突击队两支队伍，以座

谈、走访、谈话等形式开展“下沉式”调研，就学生紧盯的“急难愁盼”问题梳理台账、制定方案、明确责任和完成时限，联合校内其他党支部打通工作“堵点”“淤点”，创新“我为学生办实事”机制，为“红色引擎”挖掘“联动力”。

学生处党支部的党员志愿队和党员突击队在组建之初，便发起了“线上发单、党员抢单、马上集合”活动，强化重大服务、强化应急处突、回应学生所需所盼。此机制很快在校内推广，学生处支部主动联系、主动对接，两个队伍的力量迅速扩大，各个专项小分队也迅即成立，在防疫抗疫中做到了育人有真情，服务暖人心，搭建起了学生和学校之间最温情的链接。

“三个一线”工作法打造“胡杨”支部

中核四0四有限公司第二项目部工程管理处党支部

一、品牌建立背景

中核甘肃核技术产业园是我国首座新址新建的核科技工业园区，是我国完全依靠自主创新建设的超大超复杂工程，也是我国核工业高质量发展进程中的重要一环。项目整体工程体量历史罕见、工期紧张、建设环境恶劣，在巨大的压力下，承担着现场建设管理任务的中核四0四有限公司第二项目部工程管理处党支部，坚定理想信念，彰显顽强不屈、奋发向上的“胡杨精神”，通过“三个一线”工作法，充分发挥党建引领作用，有效推动项目建设稳步前行。

二、品牌内涵

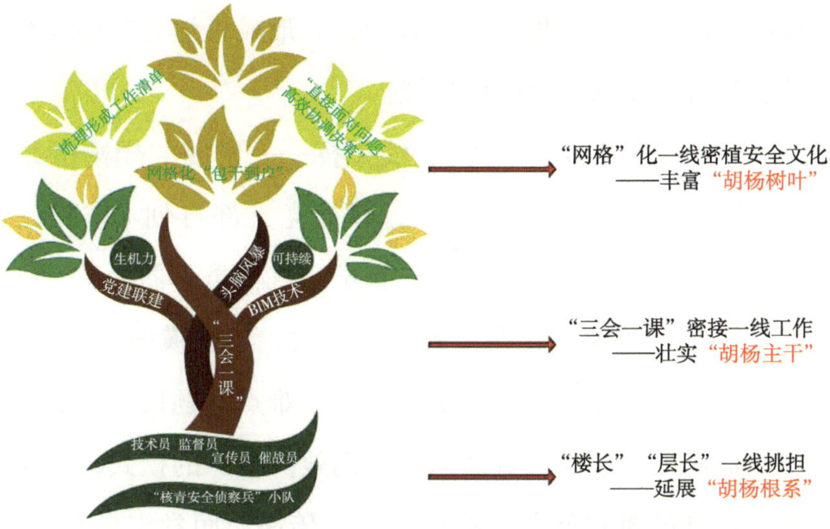

“胡杨”品牌模式图

工程管理处党支部紧紧围绕中心工作，锚定项目建设节点目标，融入项目抓党建，抓好党建促项目，坚持政治原则、立足高站位，集中优质力量，以系统性思维打破管理壁垒，聚焦关键节点和重点领域，推行“三个一线”工作方法，形成以“胡杨根系”“胡杨树干”“胡杨枝叶”为主体的支部特色品牌，在戈壁荒漠固土防沙，筑牢战斗堡垒，用坚毅定力打通党建融入中心的“最后一公里”。

三、主要做法及成效

第二项目部工程管理处党支部坚持以习近平新时代中国特色社会主

义思想为指导，严格落实集团公司党支部标准化建设要求，坚持“楼长、层长”下沉一线指挥、“三会一课”链接一线队伍、“网格化”密植一线安全理念的“三个一线”工作法，积极创建契合项目建设实际的“胡杨根系”“胡杨树干”“胡杨枝叶”党建品牌，实现了党的组织建设与工程项目建设由外到里的有效融合，并形成科学有效的运行机制，有力推动了项目建设取得突破性进展。

（一）“楼长、层长”下沉一线指挥——延展“胡杨根系”

面对巨大的建设压力，工程管理处党支部自创“楼长”制和“层长”制，党员纷纷化身技术员、监督员、宣传员、催战员，把“胡杨根系”伸进了每个子项、扎在了每一个楼层，实现横向到边、纵向到底，上下对应、内外衔接，并对关键子项重、难点问题快速做到定时间、定措施、定责任人，形成“直面问题 + 高效决策”的模式，快速解决各类制约现场进度的难点问题，有效宣讲、传递集团党组最新要求，7×24小时全力推动各子项同步发力。组织“楼长”和“层长”建立两级计划管控机制，配套多级协调机制，针对现场紧张的工期要求定期进行推演，制定上百版专项计划，集智攻关，党员带头广泛收集和采纳创新技术，应用设备室模块化、钢筋锚固等施工工艺，提前6个月实现重大节点目标。确保了项目建设进度与预期要求相匹配，实现了产业园建设的阶段性胜利。

（二）“三会一课”链接一线队伍——壮实“胡杨主干”

丰富学习内容，根据项目建设进展实际，灵活地在“三会一课”中接入防汛、施工区域安全、设备安装质量、创新技术运用等专题工作研讨环节，打通指导解决现场管理重点问题的渠道；通过“阵前动员”式学习、“战区图＋宣誓墙”阵地建设等方式，坚定党员干部理想信念，激发干事创业的活力；通过“支委会＋部门例会”“党小组会＋科室业务会”的方式，对工程推进中的关键路径、重点问题进行深入分析和经验反馈，对建安工作任务目标进行细化分解，按照系统施工、收尾、文件完善“三步走”进行推动。运用党建联建工作机制，主动联合各参建单位技术力量，邀请关键技术人员对项目进展进行评估，梳理重点难点，预先进行工艺改良，优化施工逻辑，利用BIM技术、头脑风暴等方法提升技术管理效率，实现党建工作与中心工作的深度融合。

（三）“网格化”密植一线安全理念——丰富“胡杨树叶”

安全是工程建设“生机力”和“可持续”的集中体现，对安全文明

核青安全侦察小队开展现场督察

施工全过程进行网格化“包干到户”式的管理，推进产业园“刀刃向内，透明坦诚”的核安全文化理念落地见效。坚持党支部安排部署、支委下沉现场、党员及青年骨干带头冲锋的作用发挥思路，组建“核青安全侦察兵”小队，加强安全侦察，实现了所控制的 20 万工时事件发生率平均值为 0.0646 的良好效果，远低于同行业 0.3 的标准，确保把工程项目建设成安全工程、精品工程。

在实行“三个一线”工作方式建强“胡杨支部”的过程中，工程管理处党支部通过凝聚精神力量、创新管理路径获得了许多“一线作战”的经验，达到了助推工程建设的优异成绩，也得到了多方面的认可，荣获“中核集团标准化建设示范党支部”“甘肃省标准化先进党支部”“第 25 届甘肃青年五四奖章集体”“第 26 届中国青年五四奖章集体”等荣誉称号，支部党员荣获“中央企业优秀共产党员”“中核集团优秀共产党员”等荣誉称号。目前，工程管理处负责的项目进度计划全面提前，创造了核工业建设史上的新奇迹，进一步夯实了筑牢国家安全基石的底气，提振了实现核工业高质量发展的信心。

党建主笔绘“四色”品牌文章

中核四0四有限公司第三分公司三车间党支部

一、品牌建立背景

中核四0四有限公司第三分公司三车间主要承担着国家某科研重点工序的运行和调试任务。安全生产、合力攻坚是必然要求，科研创新和人才培养是高质量发展的前提。如何使支部工作更加深入一线、深入员工，使车间班组激发出凝聚力和战斗力？三车间党支部从安全生产、科研创新、合力攻坚、人才培养工作的品牌树立入手，坚持以政治建设为引领，深化党部建设标准化，创新构建支部党建“四色文章”，找准工作定位，推动党建融入中心工作。

二、品牌内涵

三车间党支部围绕安全生产、科技创新、合力攻坚、人才培养四大中心工作，分别赋予“红、蓝、橙、绿”4个醒目的视觉标志，建设科学、规范、可持续发展的党建品牌。坚持党的建设和生产运行中心工作同步谋划、同步开展，做到生产运行推进到哪里，党建工作就跟进到哪里，推动支部党建工作跟安全生产、科技创新、合力攻坚、人才培养四大中心工作有效联动。

三、主要做法及成效

（一）打造红色安全管理机制，保驾护航促生产

三车间党支部坚持把安全放在首位，在生产任务与疫情防控交织的复杂局面下，支部以“党建＋安全环保”工作举措为引领，充分发挥党支部的“指挥棒”和“助推器”作用——一方面，始终坚持安全管理工作横向到边，竖向到底，不留死角；另一方面，针对关键环节精准发力，确保专人负责，持续改善，全面把控，铸牢红色安全盾牌。

支委会定期听取车间安全环保工作专题汇报，结合安全环保重点、难点和车间安全管理工作实际开展集中研讨建立安全生产约谈机制，特别突出青年骨干群体在安全工作中的主导作用，常态化实施“分包责任区”“人人都做安全员”“小问题随手记”“家人对我话安全”等特色党建、团建活动，营造出浓厚的安全生产氛围。支部先后荣获“全国青年安全示范岗”“全国五四红旗团支部”“全国质量信得过班组”等荣誉称号。

（二）激发蓝色创新活力机制，掌握关键核心技术

三车间党支部落实公司“党建+科技创新”工作方案，在科研创新领域强化党建引领作用，大力推进党建与科研创新“双向融合”，引导广大员工面对破解“卡脖子”问题，坚持自主创新，把核心技术掌握在自己手中，掌握竞争和发展的主动权，构建蓝色科技平台。

党支部围绕前瞻性技术储备，瓶颈性技术突破和能力性技术提升三个方面深化科技创新工作。鼓励党员技术骨干“揭榜挂帅”，组建创新团体，以科研项目为平台，为青年人才分解任务，提供资源，做好保障，激励青年员工在岗位实战中强化科技创新意识、推动创新成果落地，以创新激励机制点燃车间科技研发激情。现已累计申报国家专利17项；获得中核集团科学技术进步奖3项；地区级科技成果5项；近三年申报QC活动成果报告30余项，其中5项获得省级荣誉，让科技创新持续成为三车间最闪亮的名片。

（三）凝聚橙色合力攻坚机制，突破急难险重任务

三车间党支部在发挥党支部战斗堡垒作用和党员先锋模范作用上作“细”文章，打造橙色攻坚队伍。全面调动员工群众的积极性、主动性和创造性，合力攻克制约车间安全稳定运行的顽疴痼疾，堵点问题，确保公司生产任务圆满完成。车间支部充分发挥党的政治优势、组织优势和群众工作优势，适时成立各类“党员突击队”和“青年突击队”，高效完成攻坚任务22项，高难度场所作业技术安全性能和员工技能水平随之同步提高。通过突击队等队伍建设，使广大员工在思想上达成“一盘棋”的共识，工作上凝聚起“一条心”的合力，生活上更具“一家人”的氛围。

（四）优化绿色人才培养机制，打造高素质团队

青年党员技术骨干开展技术大讨论

三车间党支部紧紧围绕以岗位练兵为主要内容的“基本功训练”这条主线，坚持“课堂就在现场，老师就在身边”的培养理念，涵养绿色人才蓄水池。组织操纵员考试，整理岗位题库，优化学习课件30多份，建立工艺系统理论及作业“标准卡片”。开展“人人都做内训师”“每月一考”岗位大练兵活动，依托职业技能鉴定、技能运动会等平台，让车间青年人才“尽其用，显其能”。开展“名师带高徒”活动，注重发挥劳模工匠作用，精挑细选专业技能强、综合素质优的技术能手担当导师，导师根据青年人才各自特点，因材施教、以岗定教，为青年人才量

身搭建成长阶梯，全面贯彻人才培养目标，全方位培养、用好人才。先后9人荣获“甘肃省技术能手”“甘肃省技术标兵”等荣誉称号。培养核设施高级操纵员2名、操纵员8名，为其他国家重点工程输送党员骨干26名。

“奋进四强 甘做三牛”党建品牌案例

中核战略规划研究总院战略所党支部

一、案例背景

“奋进四强、甘做三牛”是中核战略规划研究总院战略所党支部的真实写照与生动实践。战略研究所是中核智库的重要组成部分，同时也是一支年轻的研究队伍，主要承担核工业、核科技、核安全领域的战略研究任务。智库研究工作的性质对支部党员员工的政治素养、创新能力、奉献精神提出较高的要求。为了激发每一名党员在工作中的思想活力和内生动力，更好地提升智库战略研究支撑能力，助力中核智库高质量发展，战略所党支部提出了“奋进四强、甘做三牛”的支部党建品牌，力争通过品牌建设促进党建与业务工作深度融合，铸就引领智库建设的“红色引擎”。

二、品牌内涵

“四强三牛”凝聚着战略所党支部建设的基本经验与奋斗方向。“四强”即紧密结合战略所的业务特点和队伍特点，围绕定方位、强能力、钻业务、育人才四个维度，开展学习强国、能力强核、思想强智、人才强队“四大工程”。“三牛”即立足战略所智库定位，聚焦做好“人”的工作，开展争当用心服务孺子牛、创新发展拓荒牛、弘扬本色老黄牛之“三大作风提振行动”。通过素质与作风双向发力，促进党建与业务深度融合，助力智库战略研究支撑能力获得显著提升。

三、机制及成效

（一）实施“学习强国”工程，理论武装做表率

构建多元化的学习机制，在学习习近平新时代中国特色社会主义思想上先学一步、学深一层。建立党支部每月专题学习、季度研讨学习制度，采取集中与自学、线上与线下、请进来与走出去“三结合”的方式及时传达学习近平总书记重要指示批示精神和党中央重大决策部署。通过加强理论学习，引导支部党员干部员工深刻领悟“两个确立”的决定性意义，增强“四个意识”，坚定“四个自信”，做到“两个维护”，将党的领导更加有效地融入战略所科研管理各环节，确保战略研究工作始终坚定正确的政治方向。

（二）实施“能力强核”工程，使命担当走在前

以能力建设为抓手，将新时代强核报国的使命担当融入业务、融入管理。一是提升党建引领能力。通过强化支委班子建设，深化支委会议事决策功能，涉及部门重大问题都提交支委会或党员大会研究讨论，确保科研生产经营保持正确方向。二是提升业务推进能力。立足服务战略管理决策与创新发展的宗旨，全面推进决策参谋、战略研判、政策跟踪、改革咨询、创新谋划、核法研究等“六大能力”建设，筑牢智库研究事业发展根基。三是提升精细化管理能力。优化所级管理制度体系，制定完善《战略所“好习惯”守则（40条）》，规范支部员工的行为准则。不断完善成果质量管控体系，发布《质量管理实施细则》，强化项目质量管控。

（三）实施“思想强智”工程，决策参考干在先

聚焦发挥思想引领作用，以高质量智库成果提供高水平决策参考。一是搭建智库研究交流平台。办好中核智库“思政论经”，定期举办可持续能源发展论坛、核工业创新发展等高端论坛，谋划行业发展路径，服务国家部委决策。二是创新研究咨询方式方法。以自建、外购、联建多元组合方式，不断强化科研数据库，增强战略研究硬实力。三是强化思想文化保障。传承红色基因、弘扬红色文化，赓续红色血脉，建立教育铸魂机制，开展重走革命先辈路活动，把“两弹一星”精神、“四个一切”核工业精神和“强核报国 创新奉献”的新时代核工业精神融入日常学习和工作中。

（四）实施“人才强队”工程，人才选育落在实

坚持党管人才，把人才选育培养作为干事创业的关键环节，在赋能

力、提水平上下功夫。一是拓宽领域“选”。搭建多渠道人才选拔平台，形成了党员占比 78 %，博士占比 70 % 的高层次人才队伍，为智库高质量发展提供源源不断人才支撑。二是搭建平台“用”。以“岗区队”建设为工作抓手，搭建党员发挥先锋模范作用的平台，把每名党员都打造成一面旗帜。支部党员带头在急难险重任务中承担集中攻关突击工作，先后支撑了集团公司“双碳”工作行动纲要及绿色低碳发展实施方案的编制等多项攻坚任务。三是健全制度“管”。建立统一的人才队伍档案信息库，健全所内定期考核、评价、跟踪机制，细化考核标准。定期开展警示教育，使支部全体党员知敬畏、存戒惧、守底线，筑牢拒腐防变底线。

（五）实施“争当用心服务孺子牛”行动，切实提高干部员工的获得感和幸福感

搭建服务平台，切实发挥密切联系群众的纽带作用。建立落实谈心谈话制度，支部书记定期开展一对一谈话，及时了解党员员工思想动态。坚持党建带群建，加强党支部对基层群团组织的领导，强化员工关心关爱，持续举办开展“员工集体过生日”活动、集体出游等群团活动，增强员工凝聚力、向心力。构建“我为群众办实事”常态化机制，帮助解决所内海外归国员工的职称认定困难问题；为所内单身员工牵线搭桥，解决“终身大事”。

（六）实施“争当业务发展拓荒牛”行动，不断拓展战略咨询新业务

发扬进取精神，持续深耕主责主业。通过系统研究当下核工业发展重点、热点和难点问题，提出有含金量的建议和解决问题举措，高效精准落实客户要求。扩大服务范围，全面支撑集团公司深化改革工作，推动实现集团公司碳达峰碳中和中心有序运转，同时注重面向集团二级单位和其他外单位拓宽业务范围，满足客户差异化需求。

战略所出版系列丛书

（七）实施“争当弘扬本色老黄牛”行动，充分发挥先进典型示范引领作用

选树先进典型，强化示范带动作用。在取得显著成绩的同时，党支部涌现出一批优秀的先锋模范典型。陆浩然、周超然两名同志获得首届“智库十大杰出青年”荣誉称号，张明、陆浩然、张海军同志获评总院2021年度优秀员工，高彬同志被聘为总院科技带头人。党支部充分利用支部宣传栏、OA平台、微信公众号等多种方式，宣传先进典型人物，更好发挥示范带动作用，在支部内部形成学先进、比先进、赶先进的良好氛围。

党建引领攻坚克难 先锋力量建设一流工程

新疆新华叶尔羌河流域水利水电开发有限公司第三党支部

一、品牌建立背景

阿尔塔什水利枢纽工程位于新疆喀什地区莎车县，叶尔羌河干流山区下游河段，是国家172项重大节水供水工程之一，也是新疆规模最大的水利枢纽工程，肩负解决南疆百万民众灌溉、用水、用电、防洪的重要使命，具有高坝、高边坡、高地震烈度和深厚覆盖层的“三高一深”特点，被业内专家称为“新疆三峡”。

叶河公司第三党支部的13名党员分别来自综合办公室、

工程管理部、质量技术部、安全管理部等部门，是推进阿尔塔什水利枢纽工程建设任务的重要团队，如何在工程建设中充分发挥党建引领作用，将党建优势转化为建设优势、党建资源转化为建设资源、党建成果转化为建设成果，是党支部首要课题。

二、品牌内涵

第三党支部牢固树立“一个支部就是一个堡垒，一名党员就是一面旗帜”理念，以建设一流工程为主线，围绕“六大控制七个零”管理要求，创新党建机制，积极主动作为，探索构建“党建引领攻坚克难，先锋力量建设一流工程”工作格局：建立党员攻坚队伍，着力破解工程建设难点重点；成立质量攻关小组，针对性实施质量管理；划分党员责任区、号召党员亮身份，夯实工程建设安全基础；树立党员先锋岗、推动党员进班组，促进工程建设任务全面完成。在“党建促工程、工程强党建”过程中，党员先锋模范作用得到充分体现、支部战斗堡垒作用更加彰显、员工群众干事创业氛围愈发浓厚。

三、主要做法及成效

进现场，建队伍，破工程难题。为攻破库区道路建设难点，打通阿尔塔什人民致富路，第三党支部联合参建单位党支部成立“库区道路建设项目党员攻坚队”。在攻坚队成立会议上，清晰攻坚任务和目标，明确关键工作路径和节点。定期到一线施工现场巡回检查，深入施工班组参与班前班后会，时刻紧盯工程进度计划进展。建立季度例会制度，交流各工作面阶段进展、质量安全情况，总结分析现场要点工作瓶颈问题，研究制定下阶段工作计划，滚动推进项目各项工作顺利开展。建立党员分片分段包干责任制，各工程段分配3名联系党员，加强现场协调，合理安排各施工队伍作业时间，减少各施工段爆破作业相互干扰，保障需求时段交通通畅、物资材料正常运送，为库区道路工程全面完工打下良好基础。

结对子，成小组，促工程质量发展。围绕“打造科技型优质工程”目标，第三党支部与参建单位党支部开展质量技术结对，以支部联建为平台，一方面强化党员政治思想建设，以党的创新理论武装头脑，另一方面深化“传帮带”，鼓励青年骨干考证取证，组织QC攻关评比，逐步培育青年员工成长为工程建设中坚力量。针对施工中亟待解决的难题，成立QC小组，以支部党员干部为组长，带领青年人才用所学专长提升工程质量管理。QC小组将“桥梁施工质量控制”作为课题，深入施工班组一线，对箱梁钢筋制安、模板安装、混凝土浇筑、预应力张拉等全过程进行质量安全跟踪管理，建立党员联系班组跟踪项目记录表，确保每一榀梁实现可追溯管理，最终提前完成宗塔什大桥箱梁架设工作。

亮身份，划责任，助工程安全再提升。为确保阿尔塔什工程二期下闸蓄水目标按期实现，党支部依托叶河公司党委“安全文化建设年”工作，以重大工程党建联建凝聚安全管控合力，按照厂区项目特点，全面落实阿尔塔什水利枢纽工程业主、设计、监理和施工单位“四位一体”安全体系责任，划分大坝区域、右岸高边坡区域等6个安全责任区，任命党员干部为各责任区负责人。层层签订安全生产责任书，量化分解全年安全生产目标和考核奖罚办法到班组、个人。定期带头进行安全综合检查，查隐患，反“三违”，抓整改，以党员自身的安全生产形象影响和带动全员遵章守纪、安全作业。

号召全体党员佩戴党徽亮明身份上岗，在安全管理工作中走在员工群众前面，将班前班后会、安全技术交底、涉爆作业人员培训与“安全生产月”“安全宣传咨询日”“多媒体安全培训工具箱”进班组、应急演练等专项活动相结合，从源头上提高全员安全素养，夯实了安全管理工作的思想基础，顺利确保阿尔塔什工程二期下闸蓄水目标按期实现。

进班组，树先锋，实现工程建设新速度。为进一步发挥支部战斗堡

党员进班组带领进行机组调试

垒作用，推动早日实现机组并网发电，第三党支部党员在发电引水隧洞消缺、机组调试等多项重要工程部位设立党员先锋岗。将电厂运行分为8个值、3个检修班组，建立“党员联系班组”机制。1名党员联系1个班组，通过参加班前班后会、定期技术考核、开展安全检查等形式，及时了解各班组值班过程中发现的问题，带头研究分析解决问题，形成党员示范、员工学习的良好氛围。在机组调试期间，党员带领班组成员积极开展设备操作演练，提前找出机组启动和并网可能遇到的问题，及早研究处理关闭存在问题，确保设备一次性投运成功。30天内共完成4台机组8项涉网安全试验；开具操作票约50张，进行2000余项零误差操作。2021年，阿尔塔什水利枢纽6台机组相继一次性顺利并网，其中4台最大水电单机在30天内陆续并网发电，叶河公司实现年度经营效益零突破，年内发电量近9.7亿度，完成计划的146.84%，营业收入超1.9亿元，完成计划的145.86 %，创下中核新华速度。

传承红色血脉 争创“服务先锋”

二二一局上海管理处党支部

一、品牌建立背景

二二一局上海管理处主要负责为原二二一厂撤厂后被安置到江、浙、沪的近500名离退休人员提供离退休服务管理工作。这些老同志是我国核工业发展的贡献者，是“两弹一星”精神的实践者、孕育者，是党和国家的宝贵财富。习近平总书记十分关心二二一厂离退休员工，两次作出重要批示。如今这个功勋群体的平均年龄已经84岁了，整体进入了“双高期”。上海管理处全体干部员工积极践行集团公司

“尊老爱老助老，情暖中核；同心同向同力，共创未来”的关心关爱老同志文化理念，以“等不起”的责任感、“坐不住”的紧迫感、“慢不得”的使命感，用心用情用力为所服务的老同志提供个性化、亲情化、精准化服务，切实做到让集团公司党组信任、让二二一老同志满意。

二、品牌内涵

发挥党支部的战斗堡垒作用和党员的先锋模范作用，创建“服务先锋”党建品牌，将“敬老爱岗、开放创新、协同卓越、报国奉献”的新时代二二一团队文化理念融入日常工作中，强化精细管理、抓好责任落实、注重服务质效，以提供精细化专业化服务为目标，加强服务团队建设，努力打造政治素质优、业务能力强的党员干部员工队伍，党建与离退休服务和弘扬“两弹一星”精神中心工作“同频共振”，以高质量党建引领和保障高质量发展。

三、主要做法及成效

（一）坚持党建工作与中心工作深度融合，构建“党建+”工作模式

建立“党建+服务”“党建+管理”“党建+宣传”等工作机制，将党建工作与离退休服务、管理提升和弘扬“两弹一星”精神工作紧密结合，促进离退休服务中心工作和习近平总书记批示精神等重点任务的高质量完成，充分发挥了党支部的战斗堡垒作用和党员的先锋模范作用。

（二）充分发挥老同志作用，大力弘扬党员的先锋模范作用

通过与地方党组织开展党建联建活动，共同为老同志发挥作用搭建

平台。与浦东新区上钢街道共建“两弹一星”爱国主义教育基地，充分发挥二二一老同志传承红色基因作用。教育基地创建至今20年，二十多位老同志坚守在教育基地，讲述二二一的故事。2022年，上海管理处组建“两弹一星”精神宣讲突击队，二二一青年接过时代的接力棒，继续讲述着二二一的故事。支持老同志关心教育下一代工程，多年来，组织“两弹一星”精神宣讲团到大中小学宣讲，接受教育的青少年达3万多人次。

（三）用情用心用力服务，让老同志老有所为、老有所乐、老有所安

搭建平台，让老有所为。建立老同志微信群、召开老同志座谈会、走访、电话寻访等方式，广泛宣传党和国家的方针政策、集团公司决策部署和二二一局重点任务，引导老同志积极为集团公司和二二一局改革发展建言献策。为老同志与地方社区搭建沟通桥梁，引导老同志参与社区建设、从事志愿者服务活动，让老同志老有所为。

文化养老，让老有所乐。与属地社区共建老同志活动室，让老同志就近参加文体活动；鼓励分散居住的老同志走出家门，积极参加当地社区有益身心健康的文化养老活动，体验美好生活，愉悦心情，展示阳光心态，让老同志老有所乐。

提升服务，让老有所安。主动转变工作作风，改变原来坐在办公室里等着老同志上门寻求解决问题的工作模式，走出办公室，走进老同志居住的社区、走入老同志家中。工作做到“三必访”“四必到”，年度计划走访人员必访，重点人员必访，节假日必访；老同志生病住院必到、老同志病故必到、老同志遇到意外必到、老同志碰到困难必到；推行

“首接责任制”，对老同志反映的问题，做到件件有回音，事事有着落，让老同志老有所安。

（四）积极争取地方资源，主动精准开展亲情服务

上海管理处全体干部员工，用心用情开展个性化、亲情化服务。一是建立离退休服务信息系统，实现全部服务对象信息电子化，奠定了精准服务基础。二是按照“一人一策”原则，开展精准亲情服务。对失独、空巢、独居老同志定期走访或电话慰问。对生活或其他特殊困难的老同志，精准开展困难帮扶。争取属地街道社区的支持，为老同志提供帮助。让老同志享受到属地长期护理险、医疗互助险、免费家政服务、优惠社工服务和节日慰问金等惠老政策和资源。

支部青年讲解员为参观群体讲解核工业发展历程

二二一局上海管理处党支部以“严、慎、细、实”的工作态度，以做好离退休服务工作为重点，以党建促中心为抓手，持续打造“做好精细服务、讲好红色故事”党建品牌，支部战斗堡垒作用和党员先锋模范作用得到充分彰显，老同志的幸福感、获得感、安全感明显提升，老同志满意度持续提升，2021 年达到 99.8 %。

擦亮“三同”品牌 锻造巡视利剑

中国核工业集团有限公司党组巡视办公室党支部

一、品牌建立背景

巡视是上级党组织对下级党组织履行党的领导职能责任的政治监督，是党内监督的战略性制度安排。为深入学习领会习近平总书记关于巡视工作重要论述，全面贯彻中央巡视工作方针，更好地发挥巡视监督利剑作用、提升政治监督效能，需要统筹好党组巡视办、党组巡视组、被巡视单位和总部各部门的协同关系。党组巡视办党支部始终坚持以政治建设为统领，以提升组织力为重点，持续推进支部党建工作标准化、规范化建设，服务巡视、建设队伍，在实践的基础上，提炼形成了支部“同心、同向、同行”工作品牌。

二、品牌内涵

同心：同心是思想要求，即在初心使命上要同心向党，坚持政治巡视定位，聚焦“国之大者”加强政治监督，推动党中央大政方针和上级党组织决策部署贯彻落实。

同向：同向是目标要求，即在奋斗方向上要同向发力，坚持“发现问题、形成震慑，推动改革、促进发展”巡视方针，充分发挥利剑作用，助推集团公司“三位一体”奋斗目标实现。

同行：同行是行动要求，即在组织实施中要携手同行，巡视巡察机构、有关部门（机构）及被巡视党组织同频共振、同题共答，共同完成好巡视任务。

三、主要做法及成效

一是同心向党，加强巡视办、巡视组党建工作。为推动集团公司巡视工作高质量发展提供坚强的组织保证，建立“临时党小组建在巡视组”的工作机制，即每轮巡视期间一个巡视组建立一个临时党小组，巡视组组长任临时党小组组长，纳入巡视办党支部统一管理，从政治上组织上保证党对巡视队伍的绝对领导。坚持将支部建设成学习型党组织，加强理论学习组织领导，建立“四个一”的理论学习和组织生活制度，即每轮巡视期间各巡视组党小组，小组长至少为党员讲 1 次党课，至少组织 1 次理论学习，与被巡视单位支部至少开展 1 次主题党日活动，至少召开1次组织生活会。2021年巡视期间临时党小组组长讲党课61次，召开党小组会105次，与被巡视单位开展党建联建主题党日活动73次。

党小组长讲授专题党课

二是同向发力，营造有温度的干事创业氛围。建立“组办融合”工作机制，选拔优秀的巡视组党小组同志参与巡视办日常工作，将巡视办管理干部分批次编入巡视组党小组在巡视一线进行锻炼，促进巡视干部能力素质的“双提升”。党的十九大以来，参加集团党组巡视的550名临时党小组组员中110余人被提拔或重用。坚持以文化人，建立了“团结紧张严肃活泼”“聚是一团火，散是满天星”的团队文化，为退休同志召开离组座谈欢送会，定期为支部党员过“集体政治生日”，使支部每一名党员同志都充分的感受到组织的关怀，不断增强党员归属感和幸福感，增加对巡视工作的认同感。

三是携手同行，共同推动巡视工作高质量发展。坚持价值导向，提出“六个切实承担”的职责使命，引导巡视干部、总部各支部与被巡视党组织胸怀“国之大者”。建立“政策咨询员”工作机制，同频共振、同题共答，促使巡视工作实现了跨越式发展，得到了中央巡视办和国资委巡视办领导同志“中管企业第一方阵”的高度评价。集团公司巡视工作动态、经验做法及巡视成效在《巡视巡察参考》《中国纪检监察报》等媒体平台刊登数十次。支部书记受邀参加十九届中央巡视工作总结调研座谈会分享交流经验。

“三同”文化品牌是巡视办党支部弘扬“两弹一星”精神和“强核报国、创新奉献”新时代核工业精神的具体体现，引领开展巡视工作的重要遵循。实践证明，“三同”文化既能引领支部党建规范化建设，也能够有效统筹协调党组巡视组、总部职能部门与被巡视单位等各方关系，以高质量巡视监督助力集团公司高质量发展。